Ein Arm voll Krippe

Aargauer Weihnachtsgeschichten

TVZ

Ein Arm voll Krippe

Aargauer
Weihnachtsgeschichten

Herausgegeben von
Sabine Brändlin

TVZ

Theologischer Verlag Zürich

Gedruckt mit freundlicher Unterstützung der Reformierten Landeskirche Aargau

 REFORMIERTE LANDESKIRCHE AARGAU

Bibliografische Informationen der Deutschen Nationalbibliothek
Die Deutsche Nationalbibliothek verzeichnet diese Publikation in der
Deutschen Nationalbibliografie; detaillierte bibliografische Daten sind
im Internet über http://dnb.dnb.de abrufbar.

Umschlaggestaltung
Mario Moths, Marl
Unter Verwendung eines Ausschnitts aus dem Prophetenfenster von
Felix Hoffmann: Jesajas Vision der Messias-Geburt (Ausschnitt), Prophetenfenster
im Chor der reformierten Stadtkirche Aarau, 1953. Foto: Hans Fischer.

Bildauswahl
Barbara Strasser, Aarau

Satz und Layout
Mario Moths, Marl

Druck
Rosch-Buch GmbH, Scheßlitz

ISBN 978-3-290-17867-3
© 2016 Theologischer Verlag Zürich
www.tvz-verlag.ch

Inhalt

Vorwort

Sie haben schon über die Tiere in der biblischen Weihnachtserzählung gepredigt, gewiss auch über die Sterne, die Abweisung in den Herbergen von Betlehem, die Engel und die Hirten und vermutlich sogar schon über das Stroh in der Krippe: Die meisten Autorinnen und Autoren dieser Aargauer Weihnachtsgeschichten sind Pfarrerinnen und Pfarrer, für die Weihnachten zur Herausforderung werden kann, weil sie Jahr um Jahr in Andachten und Gottesdiensten zur immer gleichen Geschichte reden sollen. Und nun schreiben sie auch noch Geschichten dazu. Es war ein Leichtes, genügend schreibfreudige Kolleginnen und Kollegen für diese Geschichtensammlung zu finden. Dies zeigt, dass pfarramtliche Weihnachtsroutine nicht zu Weihnachtsüberdruss führen muss.

Selbstverständlich begegnet der Berufsalltag im Pfarramt in verschiedenen Geschichten, aber auch persönliche Erlebnisse prägen diese Geschichten. Eindrücklich ist für mich, wie einige der schreibenden Väter die Geburten ihrer Kinder in die Geschichten einfliessen lassen. Wie Frauen von den Geburten erzählen, ist mir bestens vertraut. Wie es jedoch Männern dabei ergehen kann, ist selten Thema. Ich freue mich deshalb, dass diese Geschichten hier Einblick geben. Und wer weiss, vielleicht ergibt dies gleich die Idee für die nächste Weihnachtspredigt über Josef.

Für mich zeigen alle Geschichten dieser Sammlung eines deutlich: Weihnachten ist nicht Theorie, sondern Erlebnis. Die Inkarnation Gottes in einem Menschenkind ist nicht einfach Stoff für eine theologische Abhandlung, sondern sie kann in unserem Leben Wirklichkeit werden. Die Geschichten lassen uns Anteil daran nehmen, wie andere Weihnachten erfahren haben. Vielleicht sind die Geschichten deshalb eine Hilfe, im eigenen Leben zu entdecken, wie Gott zu uns auf Erden kommt.

Ich möchte den Autorinnen und Autoren sehr herzlich danken für ihre Geschichten, für ihre Geduld und Offenheit für die Korrekturvorschläge und die Gespräche, die sich während des Entstehungsprozesses ergeben haben. Zudem danke ich Corinne Auf der Maur vom Theologischen Verlag Zürich herzlich für die angenehme Zusammenarbeit. Dank ihr wissen nun einige Pfarrerinnen und Pfarrer mehr, wie man Heiligabend und Betlehem korrekt schreibt. Zudem danke ich Barbara Strasser vielmals für die Bildauswahl. Ich freue mich, dass in diesem Buch Abbildungen von Glasfenstern des bekannten Aargauer Künstlers Felix Hoffmann enthalten sind. Der grösste Dank gebührt Christoph Weber-Berg. Er hat es mir ermöglicht, mich dieser sehr schönen Arbeit widmen zu können.

Sabine Brändlin, Bereichsleitung Seelsorge und kantonale Dienste und Fachstelle Frauen, Männer und Gender der Reformierten Landeskirche Aargau, Ende August 2016

Christian Bühler

Der Fährmann

Alfonso war ein alter Fähr-
mann. Seine Eltern und Grosseltern, vielleicht auch schon
seine Urgrosseltern brachten mit dem schweren Kahn am
rostigen Seil die Reisenden von einem Ufer zum anderen. Als
Fährmann hatte er schon viele Menschen kennen gelernt. Während der Überfahrt erzählten sie ihm gerne ihre Geschichten.
Das Schaukeln des Kahns bewegte ihre Erinnerungen. Alfonso
sammelte die Geschichten in seinem Herzen und erzählte sie
weiter. Durch die Jahre wurde er ein wahrer Meister. Es kamen
Leute, die fuhren hin und zurück, nur um seine Geschichten
zu hören. Einmal fragte ihn ein kleiner Junge: «Das hast du
wirklich erlebt?» Er wusste nicht warum, aber er sagte einfach:
«Ja.» Und das war gelogen. Aber es fühlte sich so gut an. Und
weil es sich gut anfühlte, erzählte er von da an die Geschichten
so, als wären sie ihm selbst geschehen. Das machte ihn noch
berühmter.

Nachts aber, wenn Gott die Sterne in der Himmelsfähre
über den Himmel fuhr, überkam ihn eine grosse Traurigkeit,
denn im Grunde sehnte er sich danach, in seinem Leben einmal eine eigene Geschichte zu erleben. Aber ein Fährmann
fährt nun einmal nur hin und her zwischen den Ufern und
ihren Geschichten.

Eines Tages aber kam eine Schar Engel zum Fluss. Sie plauderten und schienen ganz aufgekratzt. Alfonso freute sich über die aufgestellten geflügelten Leute. Sie erzählten ihm auf der Überfahrt, dass in der kommenden Nacht in einer kleinen Stadt namens Betlehem etwas Grossartiges geschehen würde. Alfonso beschloss, nach Feierabend dorthin zu gehen. Da wollte er selbst dabei sein.

Aber ausgerechnet an diesem Tag kamen sehr viele Leute vorbei und wollten über den Fluss. Es kamen Hirten mit Schafen, einmal sogar drei Könige mit Kamelen. Alfonso musste dreimal übersetzen, bis die königliche Schar weiterreisen konnte, denn es hatte immer nur ein Kamel Platz auf dem Schiff.

Aber endlich war es Abend geworden und die letzten Passagiere hatten das Schiff verlassen. Alle hatten von Betlehem erzählt. Alfonso wollte nun endlich auch dorthin gehen. Er warf noch einen letzten Kontrollblick auf die Taue und schmiss schnell den Kamelmist über Bord. Da hörte er jemanden rufen. Es waren eine junge Frau und ihr Mann, die am anderen Ufer nach der Fähre verlangten. Alfonso schrie so laut er konnte: «Die Fähre fährt nicht mehr!» Dann machte er sich auf den Weg. Aber mit jedem Schritt wuchsen seine Zweifel und er hörte in seinem Herzen das Rufen der jungen Frau. «Was, wenn sie Hilfe brauchten?» Wiederwillig kehrte er um und stieg noch einmal in seine Fähre. Am anderen Ufer lag eine hochschwangere Frau in den Armen ihres Mannes. Der Fährmann merkte sogleich, dass die Wehen bereits eingesetzt hatten und dass die beiden auf schnellstem Weg in das nahegelegene Dorf wollten.

Alfonso half ihnen auf die Fähre. Kaum hatte er die Leinen gelöst, zerbrach ein lauter Schrei die Stille über dem Fluss. Die

Presswehen setzten ein. Die Fähre hing steuerlos am Seil. Alfonso hatte plötzlich sieben Arme. Er hatte schon vielen Menschen über den Fluss, aber noch keinem auf die Welt geholfen. Es war eine lange Nacht. Sie scherzten, sie weinten, sie drückten und wickelten schliesslich das kleine Mädchen in ein Fell, das die Hirten vergessen hatten. Nur ab und zu staunten sie über das helle Licht des Sterns über dem Fluss.

Am Morgen stauten sich die Passagiere am Ufer. Wie Alfonso mit seiner kostbaren Fracht zum Landesteg kam, schauten alle mit grosser Verwunderung auf die Eltern mit ihrem neugeborenen Kind. Da sagte ein Engel zu Alfonso: «Wie die heilige Familie im Stall mit Gottes Sohn.» – «Welche Familie, welcher Gott und welcher Sohn?» fragte Alfonso erstaunt. «Ach, das ist eine andere Geschichte», raunte der Engel und fragte, ob er das Mädchen halten dürfe. «Aber vorsichtig», meinte Alfonso.

Christine Straberg

Der verlassene
Hirte

Es war dunkel auf dem Feld.
Die Feuchtigkeit kroch einem in die Glieder. Der Mann wickel-
te sich fester in seine Decke. Das Feuer schien keine Wärme
abzugeben. Die Schafe standen dicht zusammengedrängt. Er
warf noch einen Ast ins Feuer. Es knackte und knisterte, als
dieser sich langsam entzündete.

Tief in Gedanken versunken sass er da und starrte in die
tanzenden Flammen. Was für eine Nacht! Es war doch einfach
unglaublich. Da sass er hier alleine mit den Schafen am Feuer
und fror jämmerlich. Alle hatten ihn im Stich gelassen. Alle
hatten sie ihre Sachen gepackt und waren losgelaufen. Zorn
packte ihn, wenn er nur daran dachte.

So verantwortungslos! Sie hätten die Schafe einfach allein
zurückgelassen. Keiner hatte mehr daran gedacht, dass sie
für die Sicherheit dieser Tiere verantwortlich waren. Ja, noch
mehr, diese Tiere waren ihr Leben. Ohne sie würden ihre Familien verhungern.

Die Zeiten waren schwer. Hirten fand man immer. Wer seinen Job nicht gut machte, der war weg vom Fenster. Verärgert
schimpfte er leise vor sich hin. Als ob er sich nicht auch nach
Frieden und ein wenig Wohlstand sehnte. Aber er war Realist.
Er wusste, was möglich war. Er wusste, dass man hart arbeiten

musste, um seine Familie ernähren zu können. Dass man sich nicht den kleinsten Fehler erlauben durfte.

Auch er war mal auf leere Versprechungen hereingefallen – als er jung und trotzig war. Die Römer vertreiben, Frieden für Israel, diese Illusion hatte er sich abgeschminkt – für hartes Lehrgeld. Das passierte ihm nicht noch mal. Komisch, die anderen waren doch sonst nicht so leichtgläubig, sie hatten doch auch schon Lehrgeld zahlen müssen. Aber nein, sie glaubten diesem Menschen, diesem Boten oder was auch immer das war, mehr als ihm, dem erfahrenen alten Hirten.

Enttäuscht, ja, das war das richtige Wort. Enttäuscht war er. Da dachten sie doch, das sei ein Bote Gottes gewesen, der den Heiland ankündigt. Na, er konnte die selbsternannten Propheten nicht mehr zählen, die behaupteten, der Heiland, der Erlöser, käme und würde uns befreien. Und er fiel nicht mehr darauf herein.

Gedankenversunken stocherte er mit einem dicken Ast im Feuer herum. Nun gut, das war schon irgendwie sehr überzeugend gewesen, wie der Mann das rüberbrachte, die Sache mit dem Heiland und dem Frieden auf Erden. Aber spätestens beim Kind in den Windeln musste doch jeder stutzig werden. Ein Kind, ha, wer weiss, was aus dem mal wird. Ein Kind als Heiland anzukündigen, das ist ja mal eine einfache Sache. Da hat man doch nichts in der Hand. Das ist ja so eine Art Vertröstung auf den Sankt Nimmerleinstag. Der Retter, der uns erlösen kann, das muss ein starker Mann sein, einer, der mit den Mächtigen umgehen kann, der klug ist und weiss, wie er die Sache angeht. Aber ein neugeborenes Kind. Dieser Mist stinkt doch zum Himmel!

Wieso nur haben sich die anderen davon so blenden lassen?! Nun, er konnte seine Hände in Unschuld waschen. Er hatte versucht, sie zurückzuhalten. Seine Gedanken fingen an, sich im Kreis zu drehen. Wieder und wieder ging ihm die Leichtfertigkeit seiner Kollegen im Kopf herum. Zorn, Ärger, Enttäuschung wechselten sich ab. Er fühlte sich im Recht und dabei sehr allein. Nur wenn er an seine Familie dachte, ging es ihm ein wenig besser. Er hatte sie nicht im Stich gelassen, für *sie* sass er bei den Schafen und passte auf, dass den Tieren nichts geschah.

So eine lange Nacht hatte er schon lange nicht mehr erlebt. Die anderen wollten doch nur schauen, ob das stimmte, was dieser Kerl da gesagt hatte. Eilig hatten sie es gehabt. Aber so lange konnte es doch nicht dauern. Kamen die denn nie wieder?

Einen kurzen Moment durchfuhr ihn ein Schreck: Was, wenn sie wirklich gar nicht mehr wiederkämen, wenn sie ihn völlig im Stich liessen, nicht nur für eine Nacht?

Allmählich wurde das Dunkel der Nacht schwächer. Am Horizont kroch langsam die Dämmerung über die Berge. Ganz langsam ging die Sonne auf. Das Feuer erlosch und nur noch Asche glühte still vor sich hin.

Normalerweise liebte er diesen stillen und so unglaublich beeindruckenden Moment des Übergangs von der Nacht zum Tag. Aber heute konnte er diesen Moment nicht geniessen. Seltsam. Sonst ärgerte er sich oft, dass die anderen ihn in seiner morgendlichen Andacht störten, heute war er allein, aber das gefiel ihm auch nicht.

Da hörte er plötzlich Stimmen, die mit der Sonne über die Felder kamen. Es waren die Stimmen seiner Kameraden. Aber sie redeten nicht, nein, sie sangen! Fröhlich und mit Gelächter zogen sie über die Felder zu ihrer Lagerstätte.

Empörung stieg in ihm auf. Das durfte doch nicht wahr sein! Lassen ihn die ganze Nacht alleine dasitzen und kommen dann betrunken zurück! Hatten wohl ihre Enttäuschung, dass der Bote Mist geredet hatte, mit Alkohol heruntergespült. Stumm und mit zornigem Blick erwartete er sie. Die würden was zu hören kriegen, diese Trunkenbolde!

Langsam kamen sie näher. Allmählich konnte er ihre Gesichter erkennen – aber das waren gar keine betrunkenen Gesichter! Er begann zu staunen: Solche Fröhlichkeit hatte er noch nie in den Augen der anderen gesehen. Ihr Lachen kam aus tiefstem Herzen. Ja, sie schienen förmlich zu leuchten.

Sein Zorn verrauchte. Die Vorwürfe, die ihm auf der Zunge lagen, fielen ihm nicht mehr ein, als sie ihn erreichten. Voll überschäumender Freude erzählten sie alle durcheinander:

«Unglaublich! Wir haben tatsächlich dieses Kind gefunden, mit seinen Eltern, in einem simplen Stall, eigentlich ganz gewöhnlich und doch, da war etwas, wir wussten sofort: Es stimmte, was der Engel erzählt hatte. Dieses Kind ist der Heiland, der Retter, er ist unsere Hoffnung, unser Licht. Und dann sind wir los, durch Betlehem und haben allen davon erzählt, ob sie es hören wollten oder nicht.

Die meisten haben zwar nur dumm geschaut, aber einige haben uns Hirten doch geglaubt. Das ist doch auch ein Wunder, oder? Mensch, war das ein Wahnsinn! Das werden wir nie vergessen! Und das war echt nett von dir, dass du auf die Schafe aufgepasst hast. Super, danke! Jetzt hast du zwar dieses unglaubliche Kind nicht gesehen, aber weisst du, wir erzählen dir immer wieder gerne davon!»

Schweigend liess er diesen Redefluss über sich ergehen, diese Begeisterung. Zornig war er nicht mehr, ärgerlich auch nicht, nur die Enttäuschung blieb und verwandelte sich in Bitterkeit. Er fühlte sich ausgeschlossen.

Da war er so vernünftig gewesen und hatte das getan, was das Richtige gewesen war. Und jetzt musste er erkennen, dass das genau falsch war, dass er seine Chance verpasst hatte. Die anderen, die dieses Kind erlebt hatten, jubelten und freuten sich. Aber er sass nur da und tiefe Traurigkeit kroch in sein Herz.

Verpasst. Er hatte es vermasselt. Wieder mal die falsche Entscheidung getroffen. Er hatte sich geschworen, dass er sich niemals wieder täuschen lassen würde. Und jetzt ist es gar keine Täuschung gewesen. Das sagten jedenfalls die anderen. Und wenn er sie so anschaute, dann konnte er nicht anders, er musste ihnen glauben.

Diese Begeisterung, diese leuchtenden Augen, das waren nicht dieselben harten Männer, die sonst rau und entschlossen ihre Herde gegen jede Gefahr beschützten.

Einsilbig begann er das Lager aufzuräumen. Jetzt nur noch allein sein, nicht mehr mit den anderen reden müssen. Die lachten bestimmt über seine Dummheit.

Allmählich merkten sie es aber, dass auf ihr Erzählen und ihre Begeisterung keine echte Reaktion kam. Was hatte er nur? Glaubte er ihnen nicht?

Normalerweise hätten sie ihn gelassen. Wenn der nicht reden wollte, dann wollte er nicht. Aber nach diesem Erlebnis mit dem Kind hatten sie das Gefühl, dass das nicht geht, dass sie ihn da nicht so einfach sitzen lassen können.

Und so fasste sich einer von ihnen ein Herz und ging zu ihm hin. «He, was ist mit dir? Bist du etwa sauer? Oder glaubst du uns nicht? Oder hast du echt gedacht, wir liessen dich im Stich?!»

Da brachen sich seine Gefühle doch noch Bahn. Alles sprudelte hervor, der Zorn, die Angst, das Gefühl, das Entscheidende im Leben verpasst zu haben und dass es für ihn jetzt zu spät sei.

Ob er jetzt ausgelacht würde, weil er seine Gefühle so offen geäussert hatte wie noch nie? Er kam sich nackt vor, entblösst, verletzlich.

Da wurde ihm ein warmes, herzliches Lächeln geschenkt. Und ein um Verzeihung bittender Blick.

«Das tut mir leid, dass wir dich so haben sitzen lassen. Aber weisst du, es war wie ein Zwang, wir mussten einfach los, wir hatten keinen Kopf mehr für die Schafe oder irgendetwas anderes. Wir sind dir sehr dankbar, dass du ganz alleine zu den Schafen geschaut hast. Das war echt nett von dir. Und zu spät, zu spät ist es bestimmt nicht. Das Kind ist doch noch da. Du kannst doch auch noch hingehen. Wenn du es wirklich willst, kannst du auch sehen, was es mit diesem Kind auf sich hat. Natürlich, es ist nur ein kleines Kind. Es ist eigentlich nur die Hoffnung auf den Anbruch von Gottes Frieden. Aber seitdem wir dieses Kind gesehen haben, haben wir das Gefühl, dass diese Hoffnung das Entscheidende ist. Eine Hoffnung, die verändert, eine Hoffnung, die im Alltag tragen kann. Deswegen sind wir ja auch wieder zurückgekommen. Wir bleiben Hirten, aber wir sind neue Menschen geworden.»

Wie Tropfen fielen diese Worte in sein Herz. Er könnte auch zum Kind in der Krippe gehen. Er könnte auch sehen, was da geschehen ist, was der Herr kundgetan hat. Hoffnung, die könnte er gut gebrauchen. Und ein fröhliches Herz auch. Vielleicht sollte er hingehen. Es war nicht zu spät. Das Kind ist ja da. Er hatte seine Chance nicht verpasst.

Ja, er würde hingehen. Er schaute den anderen in die Augen, eine tiefe Freude erfüllte ihn und mit einem breiten Lächeln sagte er: «Ehre sei Gott in der Höhe und Friede auf Erden den

Menschen seines Wohlgefallens. Ja, ich glaube euch. Ich werde
ihn mir anschauen, unseren Heiland!»

Corinne Dobler

Wie Florian an die
Krippe kam

Gerade wurde Florian von einer engelhaften Frau geküsst, als ihn etwas aus seinen Träumen riss. Er öffnete seine Augen und erblickte seine Katze, die seine Nase leckte. Er wollte sie zur Seite schieben, aber ein stechender Schmerz jagte durch seinen Kopf: Der gestrige Abend hatte seine Spuren hinterlassen! Florian seufzte und versuchte aufzusitzen – aber irgendetwas hinderte ihn daran. Als er sich umsah, bemerkte er etwas Unförmiges aus Holz, das auf seinem Bauch lag. Mit grosser Mühe und heftigen Kopfschmerzen hievte er das Ding von sich herunter und stellte es auf den Boden.

Nun erkannte er, was auf ihm gelegen hatte: Es war eine Krippe – eine kniehohe Futterkrippe aus Holz. Und darin lag ein geschnitztes Jesuskind. Florian starrte entgeistert in das bemalte Gesicht des Kindes. Es lächelte ihn an. Florian hielt einen Moment inne, bis ihm klar war, dass er nicht träumte.

Verunsichert sah er sich um: Doch, das war sein Zimmer und er hatte in seinem Bett gelegen. Auch trug er noch seine Kleider. Nur woher diese Krippe kam, konnte er sich nicht erklären.

Die Katze sprang auf den Boden und miaute vor seinen Füssen. Sie hatte Hunger. Mit schmerzendem Kopf erhob sich Florian vom Bett und ging zur Küche. Unterwegs nahm er sich im Badezimmer eine doppelte Dosis Kopfschmerztabletten.

Mit dem ersten Glas Wasser setzte die Erinnerung wieder ein: Gestern war ja Heiligabend gewesen. Die ganze Woche davor war ihm die bevorstehende Familienfeier zuwider gewesen. Scheinheiligabend. Man ist nett zueinander. Isst viel. Trinkt noch mehr. Übersieht grosszügig alles, was sonst das ganze Jahr über nervt. Und bleibt innerlich leer. Genau diese Leere war es, die ihm Angst gemacht hatte. Darum hatte er sich gestern so viel Zeit gelassen mit dem Aufbruch zum Familienfest. Sich vor der Glotze noch ein paar Gläser Prosecco gegönnt. Und dann trotz eines Schlussspurts durch den Bahnhof den Zug zu seinen Eltern verpasst. «Das war's!», hatte er gedacht, denn zu spät kommen wollte er nicht, das hatte letztes Jahr schon ein Drama gegeben. Dann lieber gar nicht.

Während Florian seinen Gedanken nachhing, rieb die Katze ihre Nase ungeduldig an seinem Schienbein. Er fütterte sie, machte sich eine grosse Tasse Kaffee und checkte sein Handy. Zuerst fiel sein Blick auf die 5 unbeantworteten Anrufe seiner Eltern. Stimmt, er war tatsächlich nicht am Fest gewesen. «Magen-Darm. Bleibe zu Hause» hatte er gestern um 20.03 Uhr geschrieben, 5 Minuten nachdem er den Zug verpasst hatte. So gelogen war das SMS ja nicht, nach all dem Prosecco, den er intus gehabt hatte. Aber was war danach geschehen?

Der Bettler – genau! Florian erinnerte sich wieder: Als er sich im Bahnhof auf eine Bank gesetzt hatte, bat ihn ein Bettler um ein bisschen Geld. Florian hatte ihm eine Zwanzigernote in die Hand gedrückt. Genau – und dann hatte er mit ihm die zwei Flaschen Champagner getrunken, die er seinen Eltern zum Apéro hätte bringen sollen. Er erinnerte sich an seine Wut auf das ständig gleich ablaufende Weihnachtsfest bei seinen Eltern.

Florian setzte sich auf sein Sofa. Die Schmerztabletten und der Kaffee begannen, den Schmerz in seinem Kopf zu besänftigen. Und sofort kam wieder diese Leere, der er gestern mit dem Alkohol zu entkommen versuchte. Obwohl im Grossen und Ganzen alles gut lief in seinem Leben, war sie wieder da und machte sich breit.

Am liebsten hätte er gleich zu einer Flasche gegriffen, aber es war nichts mehr da. Er seufzte tief und versuchte, sich an den gestrigen Abend zu erinnern: Als sie die zwei Flaschen Champagner leer getrunken hatten, war er alleine weiter gezogen. Auf einer Brücke neben dem Bahnhof hatte er angehalten. Lange hatte er in den Fluss hinunter geschaut – in das träge dunkle Wasser. Er wusste nicht mehr weiter. Tränen liefen ihm über die Wangen und tropften in den Fluss. Er erinnerte sich, wie er in das Wasser starrte und ihm bewusst wurde, dass er all dem ganz schnell ein Ende machen könnte. Und war dann doch nicht gesprungen.

Florian hielt seine Kaffeetasse, als wäre es das Brückengeländer von gestern. Da bemerkte er mit einem Mal, wie ruhig es um ihn herum geworden war. Als ob etwas da wäre, das vorher nicht da war – diese Stille! Sie umgab ihn. Hielt ihn. Die dunklen Gedanken von gestern waren noch da, aber sie begannen an Kraft zu verlieren. Florian atmete tief. Woher kam diese geheimnisvolle Stille?

Er stand auf und ging zurück ins Schlafzimmer, wo noch immer die hölzerne Krippe stand. Florian schaute das Jesuskind an und fühlte sie sofort wieder – diese Stille. Das Kind strahlte ihn selig an. Sein Lächeln durchdrang ihn. Florian verharrte gebannt. Irgendetwas passierte mit ihm, das er sich nicht erklären konnte. Etwas verband ihn mit diesem Holzkind in der Krippe. Er fühlte seine eigene Verletzlichkeit und gleichzeitig die des Kindes. Tränen stiegen ihm in die Augen und rannen über sein Gesicht. Er liess es mit sich geschehen.

Er wusste nicht, wie lange er so dagestanden hatte, aber plötzlich schoss es ihm durch den Kopf: Die Krippe musste zurück, wohin auch immer sie gehörte.

Er packte das Holzgestell samt Jesuskind in die grösste Tasche, die er finden konnte, und machte sich auf den Weg: Er musste herausfinden, woher er die Krippe hatte, und sie zurückbringen.

Er startete dort, wo seine Erinnerung aussetzte: Auf der Brücke. Wieder schaute er in das dunkle Wasser hinunter, bis es ihm wieder einfiel: Als er gestern so da gestanden hatte, war wie aus dem Nichts eine engelhafte Gestalt auf ihn zugekommen und hatte ihn gefragt, ob er nicht mitkommen wolle. Stimmt, er war mitgegangen und hat mit dieser Frau einen Heiligabendgottesdienst besucht – er, der sonst nicht in die Kirche geht. Verschwommen kehrte die Erinnerung zurück an brennende Kerzen, an feierlichen Gesang und das Glockengeläut. Und danach war er wohl nach Hause gegangen. Offenbar mit der geklauten Krippe?

Als Florian den Kopf hob, sah er die Kirche, in der er gestern war. Majestätisch stand sie auf dem gegenüberliegenden Hügel. Er tastete noch einmal nach der Krippe in seiner Tasche und eilte dann so schnell er konnte den Hügel hinauf und trat durch die grosse Kirchentüre ein.

Zum Glück war niemand da! Leise schlich Florian nach vorne zum Chor, in dem die Figuren von Maria und Josef standen. Tatsächlich fehlten die Krippe und das Jesuskind.

Vorsichtig hob er sie aus der Tasche und stellte sie zurück an ihren Platz. Das Kind in der Krippe lächelte ihn selig an. Er lächelte zurück und ging eilends zum Ausgang.

Draussen begrüsste ihn die Sonne. Er schloss für einen Moment die Augen. Und war erleichtert darüber, den Diebstahl von gestern wiedergutgemacht zu haben. Und wieder war da diese fühlbare Stille, die ihn zärtlich umgab. Er fühlte sich aufgehoben. Angekommen.

«Florian?», hörte er leise eine Stimme an seiner Seite. Er öffnete die Augen und blickte in das freundliche Gesicht einer Frau. Die engelhafte Erscheinung von gestern Nacht! Sie war es, die ihn an der Brücke angesprochen und mit in die Kirche genommen hatte. «Ich hab mir gedacht, dass ich dich hier finde.» Sie lächelte ihn an. «Komm, lass uns einen Kaffee trinken ... Ist die Krippe wieder zurück?» Florian nickte betreten und fragte zerknirscht: «Weisst du, weshalb ich sie mitgenommen habe?» Auf ihrem Gesicht breitete sich ein Grinsen aus: «Also, der Pfarrer redete etwas von verletzlichem Gott ..., der Frieden bringen will ...» Florian fiel ihr ins Wort: «Stimmt, da hab' ich gesagt: dann nehm ich dich mit, du gibst mir diesen Frieden und ich passe auf dich auf ...» Ihre Augen strahlten ihn an und dann ergänzte sie: «Nach dem Gottesdienst, als niemand mehr in der Kirche war, bist du noch einmal zurückgegangen und hast dir die Krippe einfach geschnappt.» Sie hakte sich bei ihm ein und Florian liess sich fortziehen in einen sonnigen Weihnachtstag.

David Lentzsch

Das vertauschte Geschenk

Blass und fassungslos starrte Martin auf den Brief in seinen Händen. «Wenn Sie bis Ende Monat nicht alle rückständigen Mieten bezahlt haben, sehen wir uns leider gezwungen, Ihnen zu kündigen.» Woher nur sollte er plötzlich so viel Geld herkriegen? Wohin sollte er denn noch umziehen? Zusammen mit seiner Frau bewohnte Martin ohnehin schon die billigste und schäbigste Absteige der ganzen Stadt. Obwohl sie beide sehr sparsam lebten, reichte der geringe Lohn, den Martin als Hilfsarbeiter nach Hause brachte, manchmal nicht aus, um die Miete zu bezahlen. Die finanzielle Not spannte auch die Liebesbande des Ehepaars bis zum Zerreissen. Wenn Martin zufällig in einer Schublade eine für das Überleben so ganz unnötige Schokolade entdeckte, die sich seine Frau zum Trost für ihre Aussichtslosigkeit gekauft hatte, geriet er ausser sich und deckte sie mit den hässlichsten Schimpfworten ein. Sie wiederum schluchzte leise, aber endlos, wenn sie an Martins Atem roch, dass er seinen Kummer nach Feierabend in der Quartierbeiz mit Bier wegzuspülen versucht hatte.

Schlaff, ja sogar ausgeleiert waren die Bande, welche die Beziehung von Laurent und seiner Frau noch zusammenhielten.

Zwar drückten sie gewiss keine Geldsorgen, bewohnten sie doch eine der schönsten Villen mit Park in der Stadt. Laurent war hauptsächlich damit beschäftigt, die Entwicklung der Aktienkurse zu verfolgen, und er koppelte seine Laune direkt an die Hochs und Tiefs ihrer Wertkurven. Aus reiner Langeweile steigerte sich seine Frau in einen Kaufrausch, klapperte regelmässig die Modegeschäfte ab und kam wie ein Packesel beladen mit vielen Tüten zurück, deren Inhalt sie dann recht achtlos in die schon überfüllten Schränke stopfte. Sie meinten, zufrieden zu sein. Aber zu sagen hatten sie sich nichts, romantische Momente zu teilen schon gar nicht.

Am Vorabend des 4. Advents standen Laurent und Martin nun hintereinander in der Schlange vor der Kasse des städtischen Kaufhauses. Beide hielten eine Karte in der Hand – das Weihnachtsgeschenk für ihre Frauen.

Laurent war bei der Auswahl wie immer etwas fantasielos gewesen. Wie soll man auch eine Frau überraschen, die sich alle Wünsche im Nu selbst erfüllte? Also war er auf direktem Weg in die Schmuckabteilung gegangen und hatte sich eine Gutscheinkarte geben lassen, die er grosszügig aufladen wollte. Dann würde sich seine Frau selbst etwas aussuchen können – sie war ja ohnehin fast nie mit seinem Geschmack einverstanden.

Ebenfalls schwierig gestaltete sich die Suche für Martin, schliesslich waren ihm enge finanzielle Grenzen gesetzt, aber Weihnachten ohne Geschenk kam nicht infrage. In der Papeterieabteilung war er auf einen Stand gestossen, an dem ein älterer Herr für wenig Geld anbot, Texte und Gedichte in kalligrafischer Schrift, mit Goldbuchstaben und feierlich verschnörkelten Lettern auf schöne Karten zu übertragen. Sollte er vielleicht seiner Frau ein paar liebe und beständige Worte schenken, die nicht, nachdem sie ausgesprochen, auch schon wieder vergessen sind? Lange sinnierend und alle poetischen Erinnerungen an die erste Verliebtheit aus der Primarschulzeit aufbietend, hatte er einige Sätze auf das Notizpapier gekritzelt und es dann dem Schönschreiber übergeben.

Laurent liess also seinen Gutschein aufladen und in Weihnachtspapier des Hauses einpacken. Als er seine goldene Kreditkarte zückte, fiel ihm plötzlich ein, dass seine Frau ihm nachgerufen hatte, noch eine Schachtel ihrer Lieblingskekse von seiner Einkaufstour mit nach Hause zu bringen. Er bat die Verkäuferin, den Gutschein kurz beiseitezulegen, er käme gleich wieder, er habe nur eine Kleinigkeit zu kaufen vergessen.

Also war die Reihe an Martin. Er übergab seinen Brief ebenfalls zum Einpacken und klaubte die wenigen Münzen aus seinem Geldbeutel, die reichten, um zu bezahlen. Die Verkäuferin legte Martins Karte für einen kurzen Moment aus der Hand, um das Geld entgegenzunehmen. Froh, ein günstiges und doch würdiges Weihnachtsgeschenk gefunden zu haben, verliess Martin das Kaufhaus.

Laurent kam zurück, bezahlte den Gutschein und die Kekse und war seinerseits erleichtert, die Geschenkfrage bereits erledigt zu haben. So konnte er sich in Ruhe wieder ganz den Börsenkursen zuwenden.

Es wurde Heiligabend. Martin und seine Frau sassen am Küchentisch, der spärlich mit Tannzweigen und Kerzen geschmückt war. Martin schob seine Karte über den Tisch seiner Frau zu. «Für dich», sagte er mit leicht bebender Stimme. «Frohe Weihnachten!» Mit scheuem Lächeln und Neugier öffnete sie das Geschenkpapier, klappte die Karte auseinander, sah zuerst ungläubig, dann fassungslos von der Karte zu Martin und wieder zurück. Und dann begann sie zu weinen, genau so, wie wenn Martin zu viel getrunken hatte. Er verstand die Welt nicht mehr, sprang auf, wollte sie in den Arm nehmen, doch sie stiess ihn mit aller Kraft zurück. «Wir können die Miete nicht bezahlen, du kanzelst mich ab, wenn ich einmal Schokolade kaufe, an den letzten Tagen jedes Monats essen wir nur noch Brot und Kartoffeln – und du schenkst mir einen üppigen Schmuckgutschein!», schrie sie ihn an, fast kreischend. «Was? Zeig her! Das muss ein Irrtum sein. Ich habe kein Geld verschwendet!», stotterte er, bleich und mit weit aufgerissenen Augen. Kopfschüttelnd fuhr er fort: «Die Karte muss an der Kasse im Kaufhaus vertauscht worden sein. Ich habe dir einen Liebesbrief in Kalligrafie schreiben lassen. Was machen wir jetzt bloss? Nach Weihnachten gehen wir sofort ins Kaufhaus und klären das auf. Sicher wird auch der Käufer des Schmuckgutscheins seine Reklamation anbringen und wir können die Geschenke austauschen.»

Zu etwa der gleichen Zeit räumte in der Villa mit Park das Dienstpersonal die noch halbvollen Teller von der festlichen Tafel. Bachs Weihnachtsoratorium erschallte aus den überdimensionierten Boxen, die Kerzen auf dem mit Glitzer überladenen Christbaum flackerten noch leise. Etwas gelangweilt steckte Laurent seiner Frau die Geschenkkarte zu. Sie zerriss das Papier und begann, den Brief zu lesen. Laurent erkannte sofort, dass sie nicht den Schmuckgutschein in ihren Händen hielt. «Es ist nicht das Geschenk, das ich dir gekauft habe», sagte er ungläubig. Sie hörte nicht, was er faselte, befahl ihm, sofort zu schweigen, indem sie den Zeigefinger auf ihre Lippen drückte, und vertiefte sich minutenlang in das rätselvolle Schriftstück, las es wieder und wieder. Mit einem Leuchten in den Augen, wie es Laurent noch niemals gesehen hatte, kam sie auf ihn zu, umarmte ihn innig und flüsterte ihm ins Ohr: «Du hast mir schon so viele schöne und teure Geschenke gemacht, aber dieses ist das allerschönste! Es ist ein Neuanfang in unserer Beziehung.» Laurent verstand zwar nichts, er wusste aber, dass er jetzt nur schweigen und geniessen sollte.

Wie sich seine Frau für einige Momente ins Badezimmer zurückzog, griff Laurent neugierig nach dem wundersamen Brief, der ihm eine so beglückende Nähe zu ihr beschert hatte, und überflog ihn eilends. Von Zeile zu Zeile wurde er beschämter und er fühlte sich so, als würde er gerade aus einem schrecklichen Albtraum erwachen. Wie konnte er bloss denken, dass sich eine Beziehung auf einer goldenen Kreditkarte gründen liesse? In seiner materiellen Verblendung hat er über alle Gefühle und Bedürfnisse seiner Frau hinweggesehen. Er hat an sich selbst gespürt, dass die zärtliche Umarmung das Schönste und Tiefste war, das er seit Jahren empfinden durfte, und er begann zu ahnen, dass in ihr wirklich ein Neuanfang seiner Ehe, ja seines Lebens überhaupt keimte. Als er entdeckte, dass schon am Weihnachtstag der Brief fein säuberlich eingerahmt an der Wand des Schlafzimmers hing, war ihm sonnenklar, dass er niemals seinen Gutschein im Kaufhaus zurückfordern würde.

Eine Woche lang gingen Martin und seine Frau täglich ins Kaufhaus, um herauszufinden, ob jemand den Verlust eines wertvollen Gutscheins angemeldet hatte. Vergeblich. Mit tränenden Augen der Dankbarkeit staunten sie: «Es gibt sie doch, die Engel, die in der Not herbeieilen und alles zum Guten wenden!» Sie konnten nämlich nach einer Frist von weiteren zwei Wochen, in denen nichts geschah, den Gutschein wieder gegen Bargeld umtauschen und die rückständigen Mieten begleichen. Es blieb sogar noch ein kleiner Betrag übrig, den sie für ein romantisches Essen in einem feinen Restaurant ausgaben. Martin bestellte seiner Frau eine doppelte Portion Schokoladenmousse zum Dessert und sie zählte die Biere nicht, die er trank. «Sag mal», fragte sie im Schimmer der Kerze, «was hast du eigentlich in dem Brief geschrieben, den du mir schenken wolltest?» Martin versuchte, die Worte und Bilder zu rekonstruieren und er spürte, wie ihre Hand die seine zärtlich berührte.

Peter Weigl

Friede auf Erden

Thomas sitzt im Wohnzimmer und trinkt den ersten Kaffee. Er hat ausgeschlafen und geniesst die freie Zeit. Die Kinder sind bei ihrer Mutter, er hat die Weihnachtstage ganz für sich allein. Er streckt sich und denkt an den gestrigen Abend. Er hatte es sich mit einem Teller Wildschweinschinken und einer Flasche Brunello vor dem Fernseher gemütlich gemacht und sich einen alten Film von Truffaut angeschaut und danach in seinem Krimi weitergelesen. Als das Buch und der Wein irgendwann zu Ende waren, kroch er ins Bett und dachte mit einem Schmunzeln noch beim Einschlafen: Na also, es geht auch ohne Engelsgesang …

Klar, als Familie ist das anders; und jetzt, wo Fabian fast 14 ist und Alexandra 12, da gibt's auch immer öfter ganz spannende Diskussionen. Als zum Beispiel vor zwei Jahren nach der Familienweihnachtsfeier in der Kirche Fabian gefragt hatte, warum denn dieser König David so wichtig sei für das Jesuskind, wenn doch Josef sowieso nicht sein Vater sei, hatte Thomas keine Antwort geben können. Alexandra wollte wissen, ob sie auch von einem König abstamme. Sie hatten phantasiert, wie das wäre. Erst als dann Sibylle ziemlich spitz bemerkte, königliche Väter, die sich bei der Familienarbeit vornehm zurückhielten, seien leider nur allzu verbreitet, da entgleiste das Fest.

Warum musste seine Frau auch immer … dabei wusste sie ja auch, dass er damals im Geschäft mit diesen Verträgen für die Inder stark eingespannt war, und schliesslich war das ja auch für die Familie – doch nein, das bringt's jetzt nicht, sagt sich Thomas. Die Trennung war richtig nach all dem Krach, sie haben sich einigermassen fair geeinigt, was die Kinder angeht, die Steuern sind bezahlt, die Alimente auch, und er lebe ja noch. Und nein, er werde ganz bestimmt kein Jammerpapi.

Sein Blick streift die Wand, da kommt das Bild wieder: Vor 14 Jahren gab's auch keinen Weihnachtsbaum, Sibylle war hochschwanger, in der Verwandtschaft wurden Wetten abgeschlossen, ob's ein Christkind werde, sie waren beide mit dem Einrichten des Kinderzimmers beschäftigt, und Fabian kam dann doch erst am 27. Und Thomas sieht sich wieder mit seinem Sohn auf den Armen, etwas verstört, weil der so grau verschmiert und knittrig ausgesehen hatte und erst langsam rosig und glatt wurde. Und dann jener unvergessliche Augenblick, als der kleine Mensch zuerst zaghaft, dann kräftig Luft holte und eine Stimme bekam. Eine eigene Stimme, die noch niemand gehört hatte. Er erinnert sich auch, wie Sibylle ihn während der Wehen angeflucht und ihm die Arme zerkratzt hatte vor Schmerz, wie er sich etwas überflüssig vorkam und wie die Hebamme ihm Kaffee brachte. Aber eingeprägt hatte er sich vor allem diese neue Stimme, die ihn zutiefst berührte und die er aus ganz vielen heraushören würde. Und bei Alexandras Geburt war er vor allem auf diesen Moment gespannt gewesen, und es wird ihm immer noch ganz warm ums Herz, wenn er den ersten Schrei seiner Tochter wieder hört in der Erinnerung.

Und da ist trotz allem anderen auch ein aufrichtiger Respekt für Sibylle, die zweimal die Beschwerlichkeiten der

Schwangerschaft auf sich genommen hatte und unter riesigen Schmerzen zwei wunderbare Kinder geboren hatte. Wenn es denn so etwas wie Wunder geben sollte: Das waren sie wohl in seinem Leben.

Thomas holt sich den zweiten Kaffee in der Küche. Beim Altpapier liegt die Weihnachtskarte seiner Noch-Schwiegermutter. Nun ja, nett, dass sie einen guten Wunsch geschickt hat. Aber musste es unbedingt eine Engelkarte sein? Was soll's, Thomas mag nun einmal keine Engel. Er weiss selbst nicht so genau, weshalb. Den Kindern gegenüber hatte er einmal zu erklären versucht: «Wisst ihr, Engel sind ein Bild dafür, dass sich der Himmel und die Erde berühren – aber mir gefällt dieses Bild nicht, die Art und Weise ist mir irgendwie zu anfällig für Kitsch.» Alexandra und Fabian hatten ihn ziemlich verständnislos angeschaut. Ach, er hatte ja nur versucht zu sagen, dass er auch hoffen möchte auf eine gute Zukunft. So gern hätte er ihnen gesagt, wie lieb er sie hat, wie stolz er ist auf sie: Auf Fabian mit seinem Leichtathletiktalent und den Zielen, die er sich setzt; auf Alexandra, die auf ihrer Querflöte schon jetzt um Welten besser spielt, als Thomas es auf seiner Trompete je geschafft hatte. Aber immer, wenn er zu einem Kompliment ansetzt, klingt ihm das zu süss, unangebracht, peinlich. Warum nur tut er sich so schwer damit, sich einfach unverstellt über seine Kinder zu freuen? Warum ist er ausgerechnet seinen Liebsten gegenüber so gehemmt? Dabei staunt er ja auch immer wieder über all das Neue, all das Unerwartete, was sie tun und sagen, all das noch unausgeschöpfte Potenzial an bevorstehendem Leben … wie kommt er jetzt darauf? Ach ja, über die Engel! Ehre sei Gott in der Höhe und Friede auf Erden – nun ja, wenn es denn so einfach wäre. Und da war noch etwas, nach dem Frieden auf Erden, etwas mit den Menschen – egal.

Thomas geht zur Stereoanlage und greift nach einer CD von Miles Davis – oder doch Radio auf gut Glück? Da spielen die wahrscheinlich Bach – warum nicht, es ist schliesslich Weihnachten. Er schaltet das Radio ein und hört die Stimme – die Stimme jener bekannten Moderatorin, eine Stimme, der er stundenlang zuhören könnte, und es dauert eine ganze Weile, bis er versteht, was sie gerade spricht: «... Da sagte der Engel zu ihnen: Fürchtet euch nicht! Denn seht, ich verkündige euch grosse Freude, die allem Volk widerfahren wird: Euch wurde heute der Retter geboren, der Gesalbte, der Herr, in der Stadt Davids. Und dies sei euch das Zeichen: Ihr werdet ein neugeborenes Kind finden, das in Windeln gewickelt ist und in einer Futterkrippe liegt. Und auf einmal war bei dem Engel die ganze himmlische Heerschar, die lobten Gott und sprachen: Ehre sei Gott in der Höhe und Friede auf Erden unter den Menschen seines Wohlgefallens.»

Thomas steht da und starrt an die leere Wand – nicht nur, dass er sich von dieser Stimme sogar von Engeln erzählen lässt. Das Wohlgefallen war's! Du gehörst dem Leben. An dir hat Gott seine helle Freude! Du hast tiefen Frieden zugut und deine Lieben rundherum auch.

Monika Thut Birchmeier

Heilung eines Blinden

Er sitzt am Strassenrand. Barti-
mäus. Sein Blick getrübt, seine Haltung gebeugt. Wer an ihm
vorbeikommt, denkt: «Ach, der Arme. Wie konnte es nur so
weit kommen mit ihm?!»

Bartimäus heisst eigentlich Tim. Aber seit er seinen Bart-
haaren keinen Rasierapparat mehr entgegenhält, nennen ihn
viele Bartimäus. Seit geraumer Zeit schläft Bartimäus nachts
sehr unruhig. Fehler, die er bei der Arbeit macht, verfolgen
und zermürben ihn. Im Vergleich zu seinem älteren Bruder
ist er ein schlechter Schreiner. Sein Herzblut fliesst nicht fürs
Holz. Auch das kleine Dorf, in dem er wohnt und arbeitet, fühlt
sich je länger je mehr wie ein Gefängnis an. Diesem Dorf den
Rücken zu kehren, hat Tim bisher jedoch nie in Erwägung gezogen. Auch eine liebe Frau, die sich an seine Seite stellen
würde, hat Tim bis anhin nicht gefunden. Stattdessen macht
sich eine schwere, bleierne Einsamkeit breit in seiner Seele.
Einsamkeit quält ihn inmitten einer wohl funktionierenden
Handwerkerfamilie und lange vertrauten Dorfgemeinschaft.
Wenn er deswegen nicht einschlafen kann, setzt er sich –
wie in dieser Nacht vor Heiligabend – auf die selbstgefertigte
Holzbank vor der Schreinerei an der Strasse. Unter den freien
Nachthimmel.

Da sitzt er und wartet. Wartet. Auf den Schlaf? Oder worauf?

Einige Nachtvögel sind noch unterwegs und denken sich bei seinem Anblick ihre Sache. «Schreiners Tim. Bartimäus. Einer von uns. Einer aus unserer Dorffamilie. So oder so. Warum er wohl so betrübt mitten in der Nacht da draussen sitzt?»

Ebenfalls unterwegs in dieser Nacht ist der Weihnachtsmann. Noch verkleidet vom Abendverkauf im nahegelegenen Einkaufscenter. Leicht angetrunken vom Feierabendbier kommt er auf Bartimäus zu. Er sieht dessen getrübten Blick und die gebeugte Haltung. Ist sich nicht sicher, ob alles in Ordnung ist.

Doch allmählich hebt Bartimäus seinen Kopf und schaut direkt in die noch geschminkten Augen des Weihnachtsmannes. Er schaut. Und was er in diesen unbekannten Augen sieht, das lässt sein Herz plötzlich höher schlagen. Denn er sieht einen Blick, der ihn, Tim, meint. Einen Blick, der ihm ganz allein gilt in diesem Moment. Seinem seelischen und körperlichen Zustand. Seinem Wohlergehen.

Tim muss plötzlich an seine Kindheit und Jugend denken. Er ist der zweite Sohn der angesehenen, stets geachteten Schreinerfamilie des Dorfes, er machte eine Schreinerlehre im väterlichen Betrieb, wurde Vorarbeiter und später Schreinermeister im väterlichen Betrieb. Die Laufbahn ist vorprogrammiert. Nicht zuletzt durch seinen dominanten Vater. An der Seite seines grossen Bruders soll er dereinst den Betrieb übernehmen. So wie das eben alle Handwerkerfamilien im Dorf handhaben. Von der Gemeinde wurde er in verschiedene Kommissionen gewählt. Diese bescheren ihm viel Arbeit. Im Samariterverein fühlt er sich als jüngstes Mitglied nicht ernst genommen. Sein ihm unmissverständlich vorauseilender Ruf des unfähigen, langweiligen Spiessers wird ihm in seinen alltäglichen Begegnungen seit Jahren vor Augen gehalten.

Tim hat sich dem Ruf längst ergeben. Er spielt seine Rolle gut. Nein, er spielt sie nicht. Er lebt sie. Seine Rolle ist mittlerweile sein Leben geworden. Alles setzt er daran, ihr zu entsprechen, den Erwartungen seines Umfelds zu genügen. Schreiners Tim zu sein. Ganz normal. Und er macht es gut. Er entspricht seinem Ruf. Immer besser.

Der allmählich eindringlicher gewordene Blick des Weihnachtsmannes reisst Tim jäh aus seinen Gedanken. Er intensiviert den Blick ebenfalls. Benutzt die Augen des Weihnachtsmannes gleichsam als Spiegel für seinen eigenen Blick. Seinen Blick nach innen. In seine Seele. Dorthin, wo sich gerade ein wunderbarer Moment abspielt. Dorthin, wo Weihnachten stattfindet: Die Geburt einer Mischung aus Erkenntnis, Befreiung, Heil, Hoffnung und Mut. Er, Tim, hat das Recht auf ein anderes Leben! Auf sein Leben. Ohne Rollenspiel. Auf ein Leben mit Glücksperspektive! Tim spürt, wie ihm die Augen geöffnet werden für dieses Recht. Deutlich sieht er, dass nun die Zeit gekommen ist, es wahrzunehmen und endlich in die Tat umzusetzen.

«Danke!», sagt er zum Weihnachtsmann. «Danke, dass du mich geheilt hast! Nun kann ich sehen!»

Jener, leicht überrascht von dieser plötzlichen sprachlichen Äusserung des bisher leblos scheinenden Mannes auf der Bank, lächelt kurz und zieht weiter seines Weges.

Tim geht ins Haus, rasiert sich seinen Bart ab und schläft die ganze Nacht durch. Am nächsten Morgen packt er seine Koffer und geht. Der Heiligen Nacht entgegen.

Jürg von Niederhäusern

Der echte Hirte am Heiligabend

«Kommst du nun, oder nicht?», fragt Margrit leicht ungeduldig. Ihre Freundin Susanne ist stehengeblieben, zögert und weiss nicht recht, ob sie ihre Schwellenangst überwinden und sich auf diese Weihnachtsfeier in der Dorfbeiz einlassen soll. «Wir sind sowieso zu spät», meint sie, «das mag ich gar nicht, und überhaupt, da drin kenne ich eh niemanden.» – «Mach, was du willst», meint Margrit, «wenn du nicht kommst, gehe ich eben allein.»

Da gibt sich Susanne einen Ruck, sie öffnet die Tür und wartet aber darauf, dass Margrit zuerst eintritt. Drinnen ist es warm, Kerzen brennen, mitten im Saal steht ein grosser Christbaum. Die Tische sind feierlich gedeckt und mit Tannenzweigen weihnächtlich geschmückt. Schon zahlreiche Gäste haben sich eingefunden, und Susanne ist erleichtert, denn die Stimmung scheint gut zu sein.

Der Pfarrer freut sich über den verspäteten Besuch: «Kommt, es hat noch freie Plätze, und ihr seid noch nicht mal die Letzten.» Und tatsächlich, schon wieder geht die Türe auf, und eine ganze Familie trudelt ein. Am Stammtisch sieht Susanne einige bekannte Gesichter. Sie wundert sich, wer alles da ist. Und schon wird sie von Vreni freundlich begrüsst: «Du weisst, ich schreibe etwas für die Zeitung – ist ja mein

Job. Und ausserdem», fügt sie hinzu, «finde ich das eine gute Idee.»

«Wo sollen wir uns hinsetzen?» Susanne blickt suchend umher. Da springen zwei Kinder der Wirtsfrau an ihr vorbei und nehmen an einem grossen Tisch Platz. Unwillkürlich folgt sie mit ihren Blicken den beiden und entdeckt an der Tafel noch ein weiteres bekanntes Gesicht – Lotti. Diese winkt den beiden Frauen: «Kommt doch zu uns!» So nehmen die beiden zwischen Lotti und den Kindern Platz. «Ist doch eine gute Idee, Weihnachten im Restaurant, findest du nicht auch?», meint Lotti aufgeräumt. – «Doch, doch», erwidert Susanne etwas verlegen und denkt an ihren anfänglichen Widerstand. – «Erinnerst du dich, wie wir schon vor einem Jahr dafür gesammelt haben?»

Jetzt fällt es Susanne wieder ein. Vor einem Jahr bei der Christnachtfeier hat der Pfarrer von einem jungen Mann erzählt, der ein Jahr zuvor – also vor zwei Jahren – am Heiligabend auf tragische Weise und ganz einsam gestorben ist. «An Weihnachten soll in Zukunft niemand mehr allein sein müssen», hat der Pfarrer gesagt, «darum werden wir am nächsten Heiligabend unsere Dorfbeiz öffnen und alle einladen, die kommen möchten.» Und so hat man damals für dieses Weihnachtsessen Geld gesammelt. Susanne versinkt in Gedanken an die letztjährige Weihnachtszeit.

Da wird es plötzlich still im Saal. Der Pfarrer heisst alle herzlich willkommen und stellt die bunt zusammengewürfelte Gästeschar vor: Susanne, Margrit und Lotti, die Männer am Stammtisch, ein junges Ehepaar, zwei Familien, davon eine, die fliehen musste, zwei Afrikaner, die Wirtsfamilie und sogar die Eltern des vor zwei Jahren verstorbenen jungen Mannes sowie freiwillige Helfer und Helferinnen. Nach einem kurzen Tischgebet wird die Suppe serviert.

Aus den Augenwinkeln beobachtet Susanne den Pfarrer, der eben nochmals zur Türe geht und mit einem Mann zurückkommt, den sie noch nie gesehen hat. Er trägt einen prächtigen Bart und ist in einen schweren, dunklen Mantel gehüllt. Sein Alter schätzt sie auf Mitte vierzig. Die beiden gehen an der Garderobe vorbei, ohne dass der Bärtige seinen Mantel auszieht. Er scheint zu frieren. Gleich gegenüber, neben dem jungen Ehepaar, das etwas zur Seite rückt und einladend auf den leeren Stuhl weist, nimmt der geheimnisvolle Fremde Platz. «Das ist Pasquale», stellt ihn der Pfarrer vor, «er ist gerade mit seiner Schafherde hier und feiert auch mit uns Weihnachten.»

Die beiden kleinen Wirtstöchter nebenan machen grosse Augen. «Ist das ein echter Hirt?», fragt die eine. «Ja», sagt der Pfarrer, «er ist wie wir alle heute zu Gast. Lasst es euch schmecken!» Und schon sitzt Pasquale, der noch keinen Ton gesagt hat, zufrieden auf dem Stuhl und öffnet seinen grossen Hirtenmantel. «Ein Hirt! Ein Hirt!», ruft nun die andere Tochter und springt um den Tisch auf Pasquale zu.

Als dann die beiden Töchter ganz nahe zu ihm hingehen und sichtbar ihre Freude zeigen, sieht Susanne, wie ihm eine Träne über die Wangen rollt.

Mit der Zeit kommt Pasquale mit den anderen Gästen ins Gespräch. Er erzählt ihnen, dass er aus dem norditalienischen Bergamo komme und mit seinen über 200 Schafen quer durchs Land ziehe. Heute, am Heiligabend, sei er auf der Suche nach einem Restaurant hier vor der Dorfbeiz angekommen und wisse nun gar nicht recht, wie ihm geschehe, denn alle anderen Restaurants weiterherum haben an diesem Abend geschlossen. «Nun ist er hier bei uns», freut sich der Pfarrer, «und das passt perfekt zum Heiligabend. – Und wisst ihr was?», fährt er weiter, «Weihnachten heisst auf Italienisch Natale. Und was bedeutet Pasquale? – Der Österliche! So erleben wir heute also gewissermassen Weihnachten und Ostern zusammen!»

Bald ist es zehn Uhr. Nach einem Segensgebet gehen die meisten hinüber in die Kirche zur Christnachtfeier. Pasquale, der Hirt, kehrt zu seinen Schafen zurück, auf die sein Hirtenhund in der Zwischenzeit aufgepasst hat. Die Weihnachtsfeier in der Dorfbeiz hat dem Pfarrer einen Steilpass für die Predigt gegeben. Und so kann er der Gemeinde bildhaft den Zusammenhang zwischen Weihnachten und Ostern, zwischen Krippe und Kreuz, erklären: «Natale mit Pasquale – darum geht es auch im Weihnachtslied *Oh, du Fröhliche: Christ ist erschienen, uns zu versühnen.* – Weihnachten hat sich an Karfreitag und Ostern erfüllt.»

Am Ausgang der Kirche bekommen alle eine Kerze. Und spontan stimmen einige nochmals ein Weihnachtslied an. Susanne verabschiedet sich von Margrit: «Danke, dass du mich überredet hast, es hat sich gelohnt!»

Nach einer wahren Begebenheit am Heiligabend 1996

Christoph Weber-Berg

Der einarmige
Josef

Ein intensives Jahr lag hinter
Herbert, dem Präsidenten der Bezirksparteisektion. Er hatte
den National- und Ständeratswahlkampf in der Region organi-
siert: die Auftritte der Kandidatinnen und Kandidaten koordi-
niert, die Verteilung und das Aufstellen der Wahlplakate ver-
anlasst und überwacht, Wahlwerbung verschickt, bei Freunden
und Kollegen aus dem regionalen Gewerbe Geld aufgetrieben,
persönlich am Bahnhof Flugblätter verteilt, tausend Sachen
erledigt und nicht zuletzt auch als Listenfüller für den Natio-
nalrat kandidiert. Sein Geschäft, ein Tiefbau-Ingenieurbüro,
hatte in diesem Jahr unter dem Parteiengagement gelitten: Die
Mitarbeitenden mussten seine Abwesenheiten kompensieren
und vieles blieb allzu lange liegen. Den ganzen Spätherbst bis
in den Dezember hinein war Herbert am Abarbeiten von Pen-
denzen und Liegengebliebenem. Jetzt aber, am 24. Dezember
gegen 15 Uhr, hatte er die Bürotüre hinter sich geschlossen
und sich auf den Weg ins Ferienhaus im Berner Oberland gemacht, das seine Frau mit den beiden Töchtern bereits am ver-
gangenen Wochenende bezogen hatte.

Seit Jahren schon feierten sie Weihnachten im Ferienhaus,
weitab vom Trubel, und am Heiligabend ganz «en famille». Eltern und Schwiegereltern würden – ebenfalls wie jedes Jahr –

am Stephanstag zum gemeinsamen Feiern für ein bis zwei Tage zur Familie stossen.

Herbert freute sich auf frische Bergluft, Wohlgerüche im heimeligen Chalet, Kerzenschein, feines Essen und gemütliches Zusammensein mit seinen drei Frauen.

Voll Vorfreude und in aufgeräumter Stimmung bog er auf die Autobahn Richtung Bern ein. Es herrschte dichter Verkehr. Es machte ihm nichts aus; er hatte sich auch vorgenommen, sich deswegen keinen Stress zu machen. Es war einfach so: Am 24. Dezember ist – gefühlt – immer die halbe Schweiz auf der Autobahn. Also: Radio einschalten und schön locker bleiben. Einfach nicht aufregen, auch wenn bei Härkingen noch die Deutschen, Holländer, Belgier, Luxemburger, gar Polen auf die Fahrspur in Richtung Westen drängen. «Gut, man muss ja froh sein, wenn sie überhaupt noch in die Schweiz kommen für ihre Ferien», dachte sich Herbert, «der starke Schweizerfranken fordert seinen Tribut.» Im eigenen Geschäft war er nicht betroffen, die Bauwirtschaft lief wie geschmiert, und er hatte volle Auftragsbücher. Aber ja: Die exportorientierten Industrien und der Tourismus hatten zu leiden. «Gegen den starken Franken an sich ist allerdings gar nichts einzuwenden, er ist ja bloss die Folge einer konsequenten Politik in der Schweiz und eines schwächelnden Euros.» Dass der Euro nicht funktionieren würde, das hatte sich Herbert schon immer gedacht. Die Länder und Menschen in Europa sind zu unterschiedlich. Genau deshalb sollte sich die Schweiz auch nicht zu sehr öffnen. Deutsche und Griechen, Dänen und Portugiesen: Jedes Volk hat doch seine Eigenheiten. «Scheinbar auch beim Autofahren», dachte sich Herbert, als ein Auto mit französischen Kennzeichen von hinten ganz nah heranfuhr. Er selbst musste ja nur wegen eines langsamen Holländers mit Anhänger – ist doch auch typisch – abbremsen.

Auf der Überholspur fuhren die Autos ebenfalls dicht an dicht und mussten die Geschwindigkeit drosseln. Gleich links von Herbert fuhr, in einem tiefergelegten BMW, ein junger Mann, mit Baseballmütze auf dem Kopf und Zigarette im Mund. «Da muss man auch nicht fragen, woher er kommt ...», dachte sich Herbert, als er plötzlich bemerkte, dass die Autos etwas weiter vorn die Warnblinker eingeschaltet hatten und auf einen Stau auffuhren. Am Radio lief penetrante Rap-Musik und Herbert schaltete sie leicht genervt aus, um nicht doch noch aggressiv zu werden.

Seltsam im Stau: Wenn gar nichts geht. Wenn sich nichts bewegt. Wenn verordnete Ruhe herrscht. Und es doch unglaublich anstrengend, ja stressig wird.

Der junge Mann im Nebenwagen war mit seiner Zigarette fertig und kaute jetzt Fingernägel. Seinen Kopf bewegte er dazu leicht im Rhythmus der Musik, die wohl in seinem Auto zu hören war. Im Auto vor Herbert schienen sich zwei Kinder zu streiten, während die Mutter vom Beifahrersitz aus beruhigend einzuwirken versuchte. Offensichtlich vergeblich. Diese Zeiten, als die Mädchen klein waren und sich oft stritten, wünschte sich Herbert nicht mehr zurück. Und dann noch im Stau ... Die Minuten verstrichen wie Ewigkeiten. Ab und zu bewegte sich die Kolonne ein paar Meter. Die Überholspur schien etwas schneller zu sein. Jedenfalls war im Nebenwagen, einem massigen Geländefahrzeug, jetzt eine noble Dame zu sehen: blond, mit hochgeschobener Sonnenbrille im Haar. Die Sonne war mittlerweile verschwunden. Westwärts sah es eher nach Regen oder Schnee aus.

Herbert wurde doch langsam unruhig – wie lange dauerte das eigentlich schon? – und bemerkte, dass bald zur vollen Stunde die Staumeldungen am Radio ausgestrahlt würden. Er schaltete das Radio wieder ein und tatsächlich, eben wurden Meldungen verlesen. Er hatte wohl die Meldung, die «seinen» Stau betraf, gerade verpasst. Er hörte aber noch genug, um zu wissen, dass es noch mehrmals stauen würde bis ins Berner Oberland. Vorsichtshalber rief er schon mal seine Frau an, um zu vermelden, dass es sicher später werde. Sobald er seine Ankunftszeit einigermassen abschätzen könne, würde er sich wieder melden.

Das war nun Heiligabend im Stau: verlorene Zeit. Zeit, auf die er sich eigentlich gefreut hatte. Zeit, die ihm heute Abend fehlen würde; ihm und seinen drei Frauen. «Dichtestress», murmelte er etwas verärgert vor sich hin, nur um sich erneut vorzunehmen, sich nicht aufzuregen. Es bringt ja nichts. Es gelang ihm nun doch, die erzwungene Ruhe für entspanntere Gedanken zu nutzen und er erinnerte sich: Heiligabend. Damals als Kind schmückte der kleine Herbert den Weihnachtsbaum jeweils zusammen mit seinem Vater und seiner älteren Schwester. Dazu lief klassische Musik vom Plattenspieler oder auf Radio DRS 2. Es roch nach Tanne, Tee und Kerzen, und die ganze Atmosphäre war freudig angespannt.

Herbert durfte jeweils die Krippe mit den geschnitzten Holzfiguren unter dem Weihnachtsbaum aufstellen: die kniende Maria mit dem Kind in ihren Armen. Daneben ein väterlicher Josef, dem irgendwann im Lauf der Jahre bei einem Sturz der linke Arm abhandengekommen war. Und rundherum Hirten, Schafe und Engel. Über dem Stall aus Holz der leuchtende Stern von Betlehem. Die Erinnerung rief in ihm ein Gefühl von Geborgenheit und Wärme wach. Eine Erinnerung an damals als Kind, als Weihnachten eine ganzheitliche Erfahrung gewesen war: eine Mischung aus Freude, Glück, Geborgenheit, Liebe, feinen Düften, Kerzenlicht und schmackhaftem Essen.

Seiner Frau gelang es jeweils auch, diese geheimnisvolle Stimmung im Ferienhaus aufleben zu lassen. Die Mädchen erlebten Weihnachten möglicherweise ganz ähnlich wie er damals als Kind. Ihm selbst fiel es einfach oft schwer, sich ganz und völlig unbeschwert darauf einzulassen. Sein Engagement im Geschäft und in der Politik ruhte zwar jeweils äusserlich über die Festtage, im Kopf drehten sich seine Gedanken allerdings weiter, was auch gar nicht schlecht war: Viele gute Ideen entstanden während dieser Zeit und liessen ihn jeweils motiviert und inspiriert ins neue Jahr starten.

Doch die Sehnsucht nach dieser ganzheitlichen Weihnachtserfahrung sass immer noch tief in seinem Herzen.

Inzwischen waren schon gut zwei Stunden vergangen, und in der einbrechenden Dunkelheit verliess Herbert die Autobahn, um die letzte Dreiviertelstunde bis zum Ferienhaus über die Hauptstrasse unter die Räder zu nehmen. Inzwischen hatte leichter Schneefall eingesetzt, und seifiger Matsch lag auf der Strasse. Etwas Schnee war ja auch dringend nötig: Hier im unteren Teil des Tals hatte es bisher noch gar nicht geschneit.

An der Strasse das Tal hinauf, in Soldatenunterkünften auf einem ehemaligen Militärflugplatz, befand sich ein Asylzentrum des Bundes. Herberts Parteifreunde aus dem Berner Oberland hatten lange gegen seine Eröffnung gekämpft, und er hatte sie einmal besucht, um von ihren Erfahrungen beim Führen von Einsprachen und Beschwerden zu profitieren. Er hatte einen ähnlichen Fall in seinem Dorf, wo der Kanton eine Asylunterkunft eröffnen wollte. Im Gegensatz zu den Berner Oberländern waren sie zu Hause erfolgreich gewesen und konnten das Asylzentrum verhindern.

Die Asylunterkunft lag etwas unterhalb der Strasse, von einer scharfen Kurve aus sichtbar, die jetzt im Scheinwerferlicht auftauchte. Als Herbert gerade in die Kurve einbiegen wollte, und nur für einen kurzen Moment den Blick von der Strasse weg auf die Asylunterkunft gerichtet hatte, bemerkte er, wie ein Lieferwagen aus der Kurve heraus auf der glitschigen Strasse auf ihn zurutschte. Herbert riss das Steuer nach rechts, um eine Kollision zu verhindern, verlor aber seinerseits die Kontrolle über sein Auto und geriet von der Strasse ab, durchschlug eine Leitplanke und stürzte über eine kleine Mauer hinunter. Das Auto überschlug sich mehrmals und wurde das Bord hinunter gegen die Asylunterkunft geschleudert. Die Schafe einer kleinen Herde, die an eben diesem Bord noch das letzte Gras unter der dünnen Schneedecke hervor gefressen hatten, zerstoben in alle Richtungen.

Für Herbert geschah alles unglaublich schnell und doch wie in Zeitlupe. Die Erinnerung daran kam schemenhaft einige Tage später wieder zurück. Wie Donnergrollen aus der Ferne hörte er das dumpfe Aufschlagen seines Wagens, als er sich überschlug. Schneegestöber, die Lichtkegel der anfangs noch leuchtenden Scheinwerfer im Gras, die berstende Frontscheibe und – wie ein Faustschlag ins Gesicht – die platzenden Airbags. Danach muss er das Bewusstsein verloren haben.

Was von den darauf folgenden Ereignissen noch bruchstückhaft in seiner Erinnerung blieb, vermischte sich seltsamerweise mit seinen Kindheits-Weihnachtserinnerungen, die ihm während der Fahrt geholfen hatten, sich durch die verordnete Ruhe im Autobahnstau nicht in Stress versetzen zu lassen.

Als er das erste Mal kurz erwachte, muss er noch im Auto eingeklemmt gesessen oder gelegen haben. Eine Frau mit blauem Kopftuch und wunderschönen Augen hielt beinah zärtlich seinen Kopf, tupfte mit einem Taschentuch Blut aus seinem Gesicht und strich ihm dazwischen mit der Hand über die Haare. Er verspürte keinen Schmerz, sondern nur Geborgenheit und Wärme am ganzen Körper. Über dem Gesicht der Frau, im Nachthimmel, stand wie der Stern von Betlehem der Lichtkegel eines Scheinwerfers, in dem Schneeflocken fröhlich tanzten. «Achmed! AAAchmed!», rief die Frau, und dazu einige Sätze auf Arabisch. Dann erschien das Gesicht von Achmed im Sichtfeld von Herbert. Achmed strahlte eine väterliche und gleichzeitig professionelle Ruhe aus. Obwohl er nicht wusste, was genau und wie ihm geschah, fühlte sich Herbert gut aufgehoben. Achmed hatte nur einen Arm, mit dessen Hand er Herbert an der Kehle mit gekonntem Griff den Puls fühlte. Auf Englisch und mit arabischem Akzent fragte er ihn dann: «What is your name? Where do you come from?» Herbert brachte nur seinen Namen hervor und hörte dann Achmed beruhigend sagen: «You will be fine, Herbert. The ambulance is on the way. We are with you, don't be afraid!»

Herbert hatte sein Bewusstsein wieder verloren, als Achmed bis zum Eintreffen der Ambulanz ruhig aber bestimmt die Führung am Unfallplatz übernahm. Er liess zwei Männer die gelben Leuchtwesten aus Herberts Auto anziehen und die Unfallstelle sichern, er hiess einen jungen Mann das Erste-Hilfe-Material aus der Unterkunft holen und wies Aisha, die Frau mit dem blauen Kopftuch, an, Herberts Position so zu halten, dass sich sein Rücken möglichst nicht bewegen konnte.

Als die ersten Rettungssanitäter eintrafen, informierte Achmed sie über den Zustand und die vermuteten Verletzungen von Herbert. Achmed war Arzt. Er war aus dem Irak geflohen und nun auf der Flucht vor dem Terror des so genannten «Islamischen Staates». Aisha, seine Frau, hatte in ihrem Heimatland als Anästhesieassistentin gearbeitet.

Zwei Männer aus der Unterkunft hatten inzwischen die verstörten Schafe zusammengetrieben, die zum Teil durch die entstandene Lücke im Zaun entwichen waren.

Jener Heiligabend war ganz anders geworden, als Herbert sich das vorgestellt hatte. Ihm aber war damals das Leben ganz neu geschenkt worden. Und am Anfang dieses neuen Lebens stand eine Begegnung, die Herbert später mehr als alles andere an Weihnachten erinnerte: Es war draussen vor dem Dorf, bei Menschen, die keine feste Unterkunft fanden. Neu geschenktes Leben in den Armen einer Geborgenheit schenkenden Frau mit blauem Kopftuch, daneben ein väterlich besorgter, einarmiger Mann. Wie rettende Engel die Sanitäter aus der Ambulanz. Darüber ein heller Lichtschweif und tanzende Sterne, und etwas abseits die Hirten bei den Schafen.

Marie Eve Morf

Sepp und Ali

Sepp Müller wurde vor einem
Jahr pensioniert. Er wohnt mit seiner Frau Hannedore im Blu-
menfeldquartier, im selben Wohnblock wie Ali Birin. Ali geht
in die 6. Klasse, seine Schwester Rea in die 4. Vater Mohammed arbeitet in der Kistenfabrik und Mutter Selam im Pflege-
heim. Freitags gehen sie in die Moschee. Die Familie kommt
aus Afghanistan und lebt seit drei Jahren in der Schweiz.

Seit Sepp pensioniert ist, ist er daran, seine Märklin-
Modelleisenbahnanlage neu zu gestalten. Eines Tages erzählt
er Ali von der Anlage und lädt ihn ein, mal in seinen Bastelraum zu kommen. Ali ist begeistert! Die beiden verstehen sich
gut und so kommt es, dass Sepp und Ali über viele Monate an
der Eisenbahnanlage arbeiten. Kleine Hügel und Tunnels werden geformt, Bahnübergänge mit Barrieren und Lichtanlagen
versehen und der Bahnhof mit seinem Kiosk wird ein Bijou.
Sie arbeiten jeden Monat einige Nachmittage und wollen mit
der neuen Anlage an Weihnachten fertig sein. Die Eltern von
Ali wissen von der Mitarbeit ihres Sohnes an einem Bastelpro-
jekt mit Herrn Müller, doch Genaueres verrät ihnen Ali nicht.

Hannedore fragt Rea im Advent, ob sie an einem Nachmittag mit ihr Weihnachtsguetzli backen wolle. Rea sagt freudig
zu. Die beiden backen Mailänderli, Zimtsterne und Chräbeli

und Rea kann für ihre Familie ein Säckchen mit nach Hause nehmen.

An einem Abend nach dem Samichlaustag sagt Sepp zu seiner Frau: «Hannedore, wollen wir nicht die Birins an Weihnachten zu uns einladen?» «Du meinst mit Christbaum und Weihnachtsliedern?», fragt Hannedore. «Ja, genau, und mit einem feinen Essen, weihnachtlich dekoriert», meint Sepp. «Aber die Birins feiern doch gar kein Weihnachten», entgegnet Hannedore. «Vielleicht ja doch», meint Sepp, «fragen können wir ja.»

Am nächsten Tag sagt Sepp zu Ali: «Du, Ali, am Weihnachtsabend, nach dem Essen und dem Feiern, zeigen wir deiner Familie und meiner Hannedore unsere Modelleisenbahn und lassen die Bahn laufen, genau nach Fahrplan.» Ali ist begeistert und muss Acht geben, dass er die Überraschung nicht verrät. Am gleichen Abend läuten Sepp und Hannedore bei den Birins und laden sie für Heiligabend zum Essen und zum Feiern ein. Mohammed und Selam Birin sind erstaunt und erfreut. Sie haben schon viel von Weihnachten gehört, im Fernsehen Feiern gesehen, doch waren sie noch nie zu einem Fest eingeladen worden. Die beiden Eltern beraten kurz, dann antwortet Mohammed: «Wir kommen gerne. Herzlichen Dank für die Einladung, das freut uns sehr.» Selam bietet auch gleich an, einen afghanischen Dessert mitzubringen. Sepp und Hannedore sind gespannt darauf, denn sie haben noch nie afghanisch gegessen. In den kommenden Tagen gibt es vieles vorzubereiten. Hannedore und Sepp beraten gemeinsam das Menu, Sepp holt am 23. Dezember beim Forstamt einen Christbaum, den Hannedore mit roten Kugeln und roten Kerzen schmückt. Selam bereitet den köstlichen Dessert zu, Rea hilft ihr dabei. Mohammed muss noch in der Kistenfabrik arbeiten. Kurz vor fünf Uhr läutet es an der Wohnungstüre von Müllers. Selam steht mit Ali und Rea ganz aufgeregt vor der Tür und sagt stotternd: «Mohammed im Spital, linkes Bein gebrochen, Unfall in Fabrik.» Hannedore nimmt Selam in die Arme und bittet sie einzutreten. Bei einer Tasse Tee schildert Selam den Unfallhergang, soweit sie ihn kennt, und sagt am Schluss: «Mohammed muss operieren, aber Spital gut.»

Hannedore sagt zu Selam und den Kindern: «Morgen Abend kommt ihr aber trotzdem zu uns zum Essen und zum Feiern.» Sie versprechen zu kommen. Und Sepp flüstert beim Hinausgehen Ali ins Ohr: «Gell, Ali, die Bahn lassen wir aber erst laufen, wenn dein Vater wieder zurück ist vom Spital.»

Sie verbringen einen schönen Abend und denken immer wieder an Vater Mohammed. Sie haben alle ein Päckli voneinander erhalten, schön eingepackt. Zu später Abendstunde machen sie ab, dass sie morgen alle zusammen mit Mohammed im Spital weiter feiern, denn auch für ihn ist ein Päckli bereit.

So gehen sie am Nachmittag des Weihnachtstages in den Spital und treffen Mohammed recht munter an. Er freut sich an den feinen Weihnachtsguetzli, die Hannedore bringt, und an dem Gebäck von Selam, das er besonders liebt.

Am späten Nachmittag bedankt sich Mohammed bei Sepp und Hannedore, dass sie mit seiner Familie gefeiert haben, und sagt: «Nächstes Jahr seid ihr herzlich eingeladen am Ende des Fastenmonats Ramadan zu unserem Fest!»

Sobald Mohammed aus dem Spital zurück ist, werden Sepp und Ali alle in den Bastelraum einladen. Sie werden ihnen ihre Modelleisenbahnanlage mit den raffinierten Gleisanlagen, dem schönen Bahnhof samt dem modernen Kiosk zeigen. Ali wird am Schaltpult stehen und den Märklinzug genau nach Fahrplan auf die Reise schicken.

Christian Vogt

Ein himmlischer Gast

Endlich wich die Anspannung der letzten Tage. Mein erstes Weihnachtsfest als frisch gebackener Pfarrer lag hinter mir. So ruhig wie in diesen Tagen zwischen Weihnachten und Neujahr war es im altehrwürdigen Pfarrhaus sonst nie. Ich fühlte mich fast ein wenig verloren.

«Gegen dieses Gefühl hilft Wärme», dachte ich, heizte den Kachelofen ein und machte es mir mit einem Glas Rotwein auf dem Sofa gemütlich. Ich öffnete das Buch, das ich zu Weihnachten geschenkt bekommen hatte, und begann zu lesen. Bald verliessen meine Gedanken die Stube und ich träumte vor mich hin.

Plötzlich schreckte mich der schrille Klang der Türglocke auf. Ihr Echo hallte durch das ganze Haus. Augenblicklich kehrten meine Gedanken ins Hier und Jetzt zurück.

«Besuch, um diese Zeit?», fragte ich mich.

Etwas ärgerlich erhob ich mich vom Sofa und ging durch den dunklen Flur zur Haustüre. «Vielleicht ist es einer der Konfirmanden, der sich spätabends einen Scherz erlaubt ... Am Ende steht niemand vor der Tür», ging es mir durch den Kopf. So erschrak ich dann doch ein wenig, als ich die Türe aufsperrte und im spärlichen Licht der Lampe, die am Vordach hing, einen Mann erkannte.

Mit seiner schiefen Nase, dem bulligen Nacken, dem militärisch kurz geschorenen Haar und einem vom Leben gezeichneten Gesicht hätte er ohne weiteres einen überzeugenden Bösewicht in einem James-Bond-Film abgegeben. Man hätte sich vor ihm fürchten müssen, wären da nicht seine Augen gewesen. Sie wollten nicht zum Bild eines harten Kerls passen.

Er sprach kein Deutsch. Das wurde mir schon nach wenigen Worten klar. Auch mit Englisch und Französisch kam ich nicht wirklich weiter. Zuerst verstand ich nicht, was mein Überraschungsbesucher von mir wollte. In der nächtlichen Kälte wollte ich ihn nicht stehen lassen, so bat ich ihn mit Handzeichen und Worten, die er wohl nicht verstand, einzutreten. In der Küche nahmen wir Platz. Sie war so etwas wie das Empfangs- und Gesprächszimmer des Hauses. Man konnte gut Kaffee oder Tee anbieten und hungrige Gäste ohne Aufwand verköstigen. Darüber hinaus war die Küche auch praktisch zu lüften, denn mitunter haftete einem Besucher auch der Geruch der Strasse an.

Mein nächtlicher Gast aber roch nicht nach einem Leben auf der Strasse. Das machte mich neugierig. Alles in allem sah er mehr nach einem Reisenden aus, wenn auch die Koffer fehlten.

Vielleicht war es der Nachhall der Geburt im Stall, der das Herz öffnete. Vielleicht waren es aber auch seine Augen, die viel zu erzählen schienen. Der anfängliche Ärger, dass ich beim Lesen auf dem Sofa gestört worden war, war verflogen. Wir sassen zusammen. Wir tranken Kaffee. Wir redeten, obwohl wir nur Bruchstücke verstanden. In meinem Geist fügten sie sich zu einer Geschichte. War es seine Geschichte?

Er hiess Dimitri, so viel verstand ich von seinem Redeschwall. Vermutlich wollte er sich ausweisen, doch fehlte ihm sein Pass. Er suchte verzweifelt in seinen Taschen. «Internet» war ein zweites Wort, das ich verstand. Ich nahm mein Smartphone aus der Hosentasche, öffnete den Webbrowser und schob ihm das Gerät über den Tisch zu. Er rief einen Videodienst auf, startete eine Aufzeichnung und reichte es mir zurück. Mir stockte der Atem. Auf dem schmalen Touchscreen erkannte ich einen Mann. Er stand hoch oben auf einer winzigen Plattform. Unten jubelte das Publikum. Mit einem Gürtel band er sich die Füsse zusammen. Dann zog er sich einen schwarzen Sack über den Kopf. Die Zuschauer verstummten. Gebannt blickten sie auf das Hochseil, das der gefesselte Artist betrat. Hüpfend balancierte er ohne Hilfsmittel und ohne Sicherung auf dem Seil. Jeden Moment rechnete ich damit, dass er vom Seil und in den Tod stürzen würde. Doch er fiel nicht. Mit einem lässigen Sprung erreichte er das sichere Podest. Das Publikum tobte. Die Kamera schwenkte auf seinen Kopf. Mit einem Ruck entledigte er sich des Sacks. Ich erkannte auf dem Bildschirm den Mann, der mir gegenüber sass. «Ist Dimitri Hochseilartist?», ging es mir durch den Kopf.

Ich war begeistert. Wie mir bekannt war, hatte ganz in der Nähe ein Zirkus sein Winterquartier bezogen. «Ob sie Dimitri engagiert haben?», fragte ich mich. Ich nannte den Namen des Zirkus, Dimitris Augen glänzten. «Da, da!», rief er fröhlich. Ich spürte seine Erleichterung: Endlich hatte ihn jemand verstanden. Mit vielen Gesten und Gebärden und einigen wenigen Brocken Englisch und Deutsch erzählte mir Dimitri seine Geschichte:

Dimitri stammte aus der Ukraine. Noch am Morgen hatte er mit Familie und Freunden gefrühstückt. Er nahm Abschied von ihnen für die Zeit seines Engagements. Fast hätte er seinen Flug verpasst, so fehlte ihm die Zeit, noch in der Heimat

Geld zu wechseln. «In der Schweiz wird das doch kein Problem sein!», glaubte er.

Doch kaum in Kloten gelandet, lief in der Schweiz alles schief: Seine ukrainische Kreditkarte wollte im Schweizer Bankomaten nicht funktionieren. Die Kommunikation zwischen Karte und Gerät klappte genauso wenig wie zwischen Dimitri und den Passanten. Es gelang ihm nicht, Schweizer Franken abzuheben. Auch am Bankschalter konnte man ihm nicht helfen. Zwar telefonierte die freundliche Mitarbeiterin mit Kiew, doch war es nicht möglich, während der Festtage das Problem mit der Karte zu lösen.

So war er gestrandet. In einem fremden Land, ohne Geld, ohne Unterkunft.

Ob er dann nicht beim Zirkus angerufen habe, wollte ich wissen. Er hatte. Doch war auch hier keine Hilfe zu finden. Es meldete sich nur der Telefonbeantworter.

«Shcho ya povynen robyty?», fragte er. «Rapperswil!», antwortete er sich selbst.

Ob er versuchte hatte, am Flughafen ein Bahnbillett zu erbetteln? Vielleicht hätte ihm das Flughafenpfarramt weiter geholfen. Doch gab ihm niemand den Tipp, oder er erreichte dort wegen der Festtage niemanden.

So tat er, was auch ich in ähnlicher Lage schon getan hatte. – Er stieg ohne Billett einfach in den Zug Richtung Winterlager des Zirkus. Schliesslich durfte er darauf hoffen, dass ihm sein neuer Arbeitgeber weiterhelfen würde.

Es ging gut. Doch dann kam eine der seltenen Kontrollen. Er konnte kein Billett vorweisen. Er hatte auch kein Geld, um die Busse zu bezahlen. So geleiteten ihn die pflichtbewussten Bahnangestellten aus dem Zug und überliessen ihn sich selbst auf dem nächtlichen Bahnhof. Er wusste nicht, wo er war und konnte niemanden fragen. Wo sonst viel Trubel herrscht, war es in jener Winternacht totenstill. Keine Menschenseele war unterwegs. Nur ein einsamer Taxifahrer wartete vergeblich auf zahlungsfähige Kundschaft. Ihn sprach Dimitri an. Die beiden Männer verstanden einander nicht, doch hatte der Chauffeur ein Herz. So brachte er Dimitri zum Pfarrhaus. Und ich kam zu meinem Weihnachtsgast.

Obwohl Dimitri weiter hauptsächlich Russisch und ich Deutsch sprach, war es, als ob ich plötzlich seine Sprache und er die meine verstand. Wir sprachen nicht mehr aneinander vorbei, sondern hörten uns mit dem Herzen zu. So redeten wir die halbe Nacht über Gott und die Welt. Er erzählte mir von seinen Kindern, vom Leben in der Ukraine und wie sich nach dem Zusammenbruch der Sowjetunion alles verändert hatte, von seinen Enttäuschungen und Hoffnungen. Ich tat es ihm gleich.

Am Morgen frühstückten wir gemeinsam. Ich brachte ihn zum Bahnhof und kaufte ihm ein Billett. Der Zug kam. Er stieg ein. Ich hörte nie wieder von ihm.

Das Geschenk jener Nacht jedoch, die einfache Begegnung zweier Menschen, werde ich nie vergessen.

Martin Kuse

Die vielen Koffer

Diese Geschichte hat sich wirklich ereignet, an einem 4. Dezember vor einigen Jahren. An jenem Tag bin ich tagsüber fort gewesen. Als ich abends um sieben Uhr nach Hause komme, klingelt nach wenigen Minuten das Telefon. Es ist meine Pfarrkollegin. Sie ruft aus der Kirche an, wo sie gerade mit ihren Konfirmanden ist. Es sei eine alte Frau aufgetaucht, die eine Unterkunft suche. Sie selbst könne nicht aus dem Konfirmandunterricht weg – und einfach warten lassen könne sie die Frau auch nicht, sie wirke ganz erschöpft und könne sich kaum auf den Beinen halten. Ob ich nicht rasch hinkommen und mich um die Frau kümmern könne?

Ich zögere. Warum denn die Frau in die Kirche gekommen sei, wenn sie doch Unterkunft suche für die Nacht, frage ich etwas verwundert nach. Ja, das wisse sie auch nicht, antwortet meine Kollegin, vielleicht weil sie das Pfarrhaus gesucht und dann das Licht in der Kirche gesehen habe.

So erfreut, wie man ist, wenn man nach einem langen Tag gerade heimgekommen ist und sich eigentlich auf einen entspannten Abend gefreut hat, fahre ich also zur Kirche. In einer Kirchenbank sitzt tatsächlich eine alte, gebückte Frau mit Kopftuch und grauem Mantel, zusätzlich eingewickelt in einen dicken Schal. Ich klopfe ihr sanft auf die Schulter und bedeute ihr, mit mir hinaus vor die Kirche zu kommen, damit wir die Konfirmandengruppe nicht ablenken.

Auf meine Frage nach ihrem Anliegen erzählt sie in recht gutem, aber mit starkem französischem Akzent versehenem Deutsch, sie komme aus dem Elsass und sei gemeinsam mit ihrem Sohn unterwegs zu Bekannten in Italien. Und da sei ihr eingefallen, dass sie hier in diesem Dorf vor langer Zeit jemanden gekannt habe. Sie habe gedacht, es wäre doch schön, diese Leute einmal wiederzusehen, vielleicht könne sie gar mit ihrem Sohn dort übernachten. «Wo wohnen denn die Leute, die Sie suchen?», frage ich. Das wisse sie nicht mehr, entgegnet die Frau. Auch die Namen der Bekannten habe sie vergessen. Aber vielleicht werde es ihr morgen wieder einfallen, dann könne sie ja morgen weiterschauen.

Spätestens jetzt werde ich misstrauisch. An der Pfarrhaustüre werden einem viele Geschichten aufgetischt, und mit der Zeit entwickelt man ein Gespür. Wie sie sich das denn gedacht habe, Leute zu finden, von denen sie weder Adresse noch Namen wisse? Sie sagt nichts, steht aber weiter vor mir. Ihre unausgesprochene Frage nach einem Nachtlager auch.

«Wo wollen Sie überhaupt hin? Und wo wohnen Sie?», fange ich an, sie auszufragen. Da erzählt sie, sie habe mit ihrem Sohn in Colmar in einem Haus gewohnt, aber der Besitzer habe ihnen die Wohnung gekündigt, und jetzt müssten sie schauen, wie es weitergehe. Ja, wo denn ihr Sohn sei, wundere ich mich. Der warte am Bahnhof beim Gepäck. Sie hätten all ihr Hab und Gut bei sich, ungefähr zehn Koffer.

Da mache ich grosse Augen. Eine stundenlange Zugsreise mit so viel Gepäck, das ist gewiss keine Kleinigkeit. Wenn das wahr ist, verstehe ich auch die Erschöpfung der Frau. Und das lässt sich leicht überprüfen! In der immer noch leicht misstrauischen Erwartung, sie werde meinen Vorschlag ablehnen, schlage ich ihr vor, zum Bahnhof zu fahren; sie aber willigt sofort ein. «Ich habe endlich jemanden gefunden, der uns hilft!», ruft die Frau einem leicht gehbehinderten Mann auf Französisch zu. Der steht wirklich bei einer Reihe grosser Gepäckstücke.

Schliesslich schlage ich der Frau vor, beim nahen Hotel nach einem freien Zimmer zu fragen. Als ich an der Rezeption die Geschichte von den beiden gestrandeten Heimatlosen erzähle, bekommen wir das Zimmer sogar dreissig Franken günstiger. Der Sohn und ich bringen in mehreren Gängen das ganze Gepäck aufs Zimmer, während die alte Dame das Meldeformular ausfüllt. Die Zimmerrechnung lasse ich mir geben; ein Fall für die Spendgutkasse der Kirchgemeinde.

Mutter und Sohn sind unendlich dankbar und froh. Sie wollen unbedingt meine Adresse, damit sie mir später, wenn sie am Ziel angelangt sind, eine Karte schreiben können, um sich zu bedanken. Ich denke im Stillen bei mir: Ja, diese Tour kenne ich. Wie oft haben mir Leute an der Pfarrhaustüre schon versprochen, sie würden mir schreiben oder gar Geld zurückschicken!

Nach der Bezahlung des Zimmers sehe ich, wie die alte Frau ihren Pass in eine Geldbörse schiebt, in der etliche hundert Euro stecken. Und wieder durchzuckt es mich: Was lässt sich die Frau fremdfinanzieren, wo sie doch so viel Geld in der Tasche hat! Und wie um sie zu prüfen, frage ich sie, ob sie denn genügend Geld bei sich habe für die Weiterreise Richtung Italien. Ganz unschuldig bejaht sie das und erzählt mir dann leise, sie habe eine ganz kleine Rente, aber die reiche nirgends hin und sie versuche immer, so gut es gehe, zu sparen.

Da stelle ich mir vor, wie es wäre, wenn ich mit ein paar Koffern und meinem letzten Geld irgendwo an einem fremden Ort gestrandet wäre und nicht wüsste, wie es weitergeht.

Am anderen Tag höre ich nichts mehr – die beiden Leute sind wohl mit ihren Siebensachen wieder zum Bahnhof hinübergegangen und haben ihre Reise fortgesetzt.

Bis heute weiss ich nicht, warum das seltsame Paar damals in meinem Dorf gelandet ist. Ob es vielleicht wirklich so war, dass sie vor Erschöpfung alles vergessen hatten? Oder ob sie vielleicht schwarz gefahren und zum Aussteigen gezwungen worden waren? Oder ob die Frau einen anderen Grund hatte, mir nicht die ganze Wahrheit zu sagen? Ob sie sich vielleicht plötzlich schämte, so unangekündigt ihre Bekannten aufzusuchen?

Eine Woche später war jedenfalls eine Karte in meinem Briefkasten, ohne Absenderadresse, aber mit den Worten «Vielen Dank» darauf und ihrem Namen ... Da habe ich mich geschämt für mein Misstrauen. Ich weiss noch, dass ich zu der Frau sagte, ein wenig seltsam fände ich ihre Geschichte schon – ob sie das verstehen könne? Sie gab mir zur Antwort: «Wissen Sie, Sie sind noch jung, Sie haben noch nicht viel erlebt – wenn Sie an meiner Stelle wären, wenn Ihnen all das passiert wäre, was uns passiert ist, würden Sie es vielleicht anders betrachten.» Und das ist wahr. Ich konnte mir die Schuhe dieser Frau nicht anziehen.

Selina Luchsinger

Richtungsänderung

Meine alte Schulfreundin Erika
hatte Pech mit ihren Männern. Ihr erster Freund fand nach ein
paar Jahren heraus, dass er eigentlich homosexuell sei. Der
zweite, von dem sie bereits nach ein paar Monaten schwanger
wurde, setzte sich noch vor der Geburt ihres Sohnes ab. So war
Erika von Anfang an alleinerziehend. Der Ex war als Vater nie
wirklich ernst zu nehmen. Er verschlief meist die gemeinsamen Wochenende mit Jonas, das Bezahlen der Alimente und
wichtige Termine wie Geburtstage oder Schulbesuche.

Erika kompensierte; Erika war immer für Jonas da; Erika tat
alles für ihn. Erika sprach mit den Lehrern, wenn der Junge
wieder einmal eine Absenz vom Unterricht brauchte. Denn Jonas – das war schon früh klar – ist ein Tennis-Talent.

Erika karrte ihren Sohn dreimal die Woche zum Training
und wieder heim. Sie räumte jedes Mal seine Sporttasche vor
Gebrauch ein – und danach wieder aus. Und sie begleitete
Jonas an jedes Turnier – auch als er bereits in die Kantons-
schule ging. O-Ton Erika: «Die andern Tennismütter können so
gemein sein!»

Heute kann ich es ja eingestehen: Ich mochte Jonas nicht
besonders. Er war als kleines Kind quengelig und wirkte als
grosser Junge arrogant. Nie hörte ich ihn Danke sagen. Er

schien all die 1000 Dinge, die seine Mutter für ihn tat, für selbstverständlich zu halten.

Und dann stand Jonas eines Abends im Dezember vor meiner Türe – mit hochgezogenen Schultern, den Kopf vornübergebeugt, fragte er leise: «Hast du Zeit?» Ich liess ihn eintreten und als wir kurze Zeit später vor einer Tasse Tee sassen, sagte ich: «Also, spuck's aus!» Jonas starrte in seine Teetasse. «Ich will nicht mehr an die Kanti gehen», sagte er, «nur, Mami weiss noch nichts davon.» Ich schwieg verblüfft. «Das ist noch nicht alles», fuhr Jonas fort, «ich werde auch mit dem Tennistraining aufhören.» Ich verschluckte mich an meinem Tee. Jonas redete weiter: «Ich will Koch werden. Ich habe die Lehrstelle bereits. Aber bei den Arbeitszeiten kann ich nicht mehr trainieren.» Als ich mich von meinem Hustenanfall erholt hatte, fragte ich: «Sag mal, Jonas, was hat dich dazu bewogen, deine Sportkarriere aufzugeben?» «Mir ist die Freude am Tennis abhanden gekommen», sagte er schlicht. «Und warum willst du die Kanti schmeissen?» – «Weil ich genug habe vom Büffeln. Ich will etwas Praktisches tun! Mit meinen Händen etwas erschaffen.» In sein Gesicht schlich sich ein leises Lächeln. «Manchmal, am Wochenende, wenn ich kein Turnier habe, darf ich bei unserem Nachbarn in der Küche seiner Beiz helfen. Das macht mir richtig Spass. Das Rüsten, das Zusammenmischen der Zutaten, die Düfte ...» Und wie er das sagte, schien er geradezu von innen zu leuchten. Ich war bass erstaunt. Es schien wirklich das zu sein, was er wollte! Dafür hätte ich dem verwöhnten Bürschchen so einen Knochenjob in der Küche gar nicht zugetraut. Ich fragte: «Ist es auch der Nachbar, der dir mit der Lehrstelle half?» Jonas nickte.

«Und jetzt willst du, dass ich deiner Mutter deine Richtungsänderung beibringe?» Jonas nickte erneut, nun beklommen.

«Ich mache dir einen Vorschlag – wir reden nächste Woche gemeinsam mit ihr», sagte ich, «und du überlegst dir in der Zwischenzeit, welche Argumente du vorbringst.» Jonas schaute mich erleichtert an und murmelte: «Danke.» Da war er mir zum ersten Mal richtig sympathisch.

Ich will es nicht schönreden – das Gespräch mit Erika war eine Katastrophe. Obwohl Jonas seine Argumentation hervorragend vorbereitet hatte. Erika schimpfte, Erika weinte, Erika tobte. Aber am Schluss akzeptierte sie seinen Entscheid – und die Tatsache, dass ihr Sohn von nun an selbst über sein Leben bestimmen wollte.

Jonas übrigens hat mich zum Dank zum Essen in die Beiz des Nachbars eingeladen. Als er seine Schicht beendet hatte, setzte sich der «Küchengehilfe» noch ein wenig an meinen Tisch. Es wurde ein angeregtes Gespräch mit einem offenen jungen Mann, der so gar nichts Arrogantes mehr an sich hatte. Er wirkte schon fast bescheiden, wie er mit seiner weissen Küchenschürze vor mir sass. Und ich glaube, wir können noch richtig gute Freunde werden!

Monika Thut Birchmeier

Vielen Dank!

Der wohltuend aromatische Kaffeeduft erreicht nach geduldigem Anstehen in der Menschenschlange endlich auch meine sieben Sinne. Eine Tasse Latte Macchiato steht in bereits bezahltem Zustand auf dem Tablett neben einer Tasse heisser Schokolade. Das Selbstbedienungscafé, in dem ich mich mit meinem Patenkind Emma an diesem kalten ersten Adventssonntag befinde, platzt aus allen Nähten. Kaum einen leeren Stuhl erblicke ich mit meinem Tablett in der Hand. «Gotti, es hat ja nirgends Platz für uns!», sagt Emma zögerlich und schaut ratlos in die Sitzplatzrunde des Cafés. Da, ganz hinten in der Ecke winkt uns ein älterer Herr herbei. Alleine sitzt er an einem kleinen Tischchen und wärmt seine Hände an einer Tasse Tee. Er mache gerade eine Pause. Sei am nahegelegenen Weihnachtsmarkt mit einem Stand präsent. So erzählt er uns. Wir setzen uns dankbar zu ihm ans Tischchen und vertiefen uns umgehend in unser bereits während des Anstehens angefangenes Gespräch. Emma erzählt mir immer gerne und ausführlich aus ihrem Schülerinnen-Alltag. Was die Lehrerin gut und schlecht macht, welche Freundinnen welche besonderen Geburtstagsfeiern veranstalteten, weshalb es wieder Streit mit der älteren Schwester gegeben hat. Heute stehen ihre Weihnachtswünsche im Vordergrund.

Wir reden darüber, was wie viel kostet, wie viel Wert hat und wie die Prioritätenliste aussieht.

Beide stecken wir uns während des Gesprächs immer wieder die verführerischen kleinen Schokoladetäfelchen in den Mund, die an diesem 1. Advent im Café gratis offeriert und auf jedem Tisch reichlich verteilt sind. Dabei häuft sich ein Berg Aluminiumpapier an, der langsam droht, über die Tischkante hinunterzustürzen. Ich erinnere mich, dass ich im Alter von Emma leidenschaftlich diese farbigen Alupapierchen sammelte, in denen Schokolade und allerlei Süsses eingepackt waren. Mit dem Fingernagel strich ich jeweils die vorhandenen Fältchen sorgfältig heraus und glättete das Alu in seine ursprüngliche Form zurück. In einem Ordner bewahrte ich sie fein säuberlich nach Farben sortiert auf und tauschte Doppelexemplare mit meiner ebenfalls vom Sammelvirus befallenen Freundin.

«Sammelst du auch Alupapierchen, Emma?», frage ich. Doch Emma verneint. Sie sammle nichts, sagt sie. Sie habe nirgends Platz in ihrem Zimmer, um gesammeltes Gut aufzubewahren.

«Du brauchst gar keinen Platz, um etwas zu sammeln!», schaltet sich überraschend der ältere Herr an unserem Tisch ein. Seine Stimme erinnert mich an die eines Weihnachtsmannes. Auch sind seine Augen versteckt hinter buschigen Brauen und um seinen Mund wuscheln sich gelockte graue Barthaare. Er blickt Emma liebevoll an – wie ein Grossvater mit viel Lebenserfahrung – und erzählt von sich. «Ich sammle auch», sagt er. «Schon seit vielen Jahren. Zusammen mit meiner Frau lebe ich in einer kleinen, einfachen Wohnung. Gerade richtig, um sich wohl zu fühlen. Grösser muss sie gar nicht sein. Denn – obwohl meine Sammlung schon aus unzähligen Einzelstücken besteht – brauche ich weder ein Extraregal noch ein Extrazimmer dafür. Jedes Stück, das ich bisher gesammelt habe, findet seinen Platz auf geheimnisvolle Weise ganz von alleine. An einem sehr besonderen Ort.»

Emma schaut den Herrn ratlos und etwas scheu an. Auch ich warte gespannt, was jetzt wohl kommt. «Ich sammle gute Taten», fährt der sympathische Herr fort. «Fast täglich begegnen mir Menschen, denen ich ansehe, dass sie nicht auf der Sonnenseite des Lebens stehen. Ihnen schenke ich eine Kerze oder ein Frankenstück, damit sie sich selbst in der Kirche ein Licht anzünden können. Oder ich trage älteren Menschen den Einkauf nach Hause oder helfe jungen Müttern beim Einladen des Kinderwagens in den Bus. Und jede dieser guten Taten stecke ich am Abend zu Hause in ein kleines Holzkistchen. Es ist schon sehr voll. Gleichwohl bleibt noch viel Platz für Neues übrig. Eine grosse Freude geht von diesem Kistchen aus und ich spüre sie unentwegt in meinem Herzen. Eine richtig schöne Sammlung, die mir viel Freude bereitet.»

Emma und ich sind fasziniert. Eine schöne Geschichte. Und so überraschend! Wie ein Geschenk. Wir stellen noch einige Fragen. Wo er denn das Kistchen genau aufbewahre. Wie es aussehe und wie viele Jahre er denn schon am Sammeln sei. Dann verabschieden wir uns. Gleich öffnet die Tageskasse des Theaters, wo wir zusammen eine Vorstellung besuchen wollen. «Vielen Dank!», sage ich, und spüre, wie dieser Dank aus tiefstem Herzen kommt. «Vielen Dank!» So bewegt habe ich noch kaum jemandem Danke gesagt. Es kommt mir vor, als kämen nicht zwei Worte, sondern tausend Glücksmoleküle vom Innersten meines Herzens aus meinem Mund. Soeben bin ich wunderbar beschenkt worden, ganz unverhofft in einem Selbstbedienungscafé.

Gotthard Held

Die rote Katze

Seit gestern stand sie wieder mitten im Dorf: die grosse Tanne mit den vielen Lichtern. Jeder wusste, dass es nun bald Weihnachten wurde: die Busfahrer und die Leute, die mit dem Bus unterwegs waren, weil die grossen Fahrzeuge einen Bogen um den Baum fahren mussten. Die Autofahrer, die die Fahrt durch das Dorf als Abkürzung nahmen und jetzt neben der lästigen Geschwindigkeitsbegrenzung noch zusätzlich abbremsen mussten. Wer zum Bäcker oder in den Lebensmittelladen musste, kam nicht an der Tanne vorbei. Man sah sie einfach. Selbst die Leute in den Altersheimen fragten: «Steht die Tanne schon?» Und alle fanden, so schön wie dieses Jahr sei der Baum noch nie gewesen.

Nur der rötlichen Katze, die nirgends zuhause war, gefiel die Tanne nicht. Immer wieder, wenn sie nachts unterwegs war, standen Leute herum und bewunderten die Tanne. Dabei: was gab es an diesem Baum Besonderes zu sehen! Das Licht war zudem so hell, dass sie, die nicht gerne gesehen wurde, einen grossen Bogen machen musste, und nichts hasste sie so sehr wie Umwege. Es waren bis abends spät Menschen unterwegs, mit Taschen und Päckchen. Manchmal waren sie heiter, manchmal hetzten sie ungeduldig nach Hause.

Und noch etwas war geschehen in der Zeit, in der die Tanne aufgestellt wurde: Im Haus, wo es immer wieder etwas Gutes für sie gab, war kein Licht mehr. Die Fensterläden waren geschlossen. Das musste bestimmt einen Zusammenhang mit der grossen Tanne haben. Vielleicht war der Mensch, der im Haus wohnte, auch scheu wie sie selbst und fand nicht mehr nach Hause, weil er ebenfalls einen Umweg um den hellen Baum machen musste.

Die rote Katze war besorgt. Sie mochte den Menschen in dem Haus, es war übrigens ein Weibchen. Nicht nur bekam sie Gutes zu Fressen – manchmal sogar Futter, wie es die Menschen zu sich nahmen –, sondern auch gute Worte. Sie war es sich sonst anders gewohnt. Verjagt wurde sie, beschimpft, niemand wollte sie streicheln, weil ihr Fell nicht mehr glatt, sondern struppig war. Darum taten ihr die guten Worte der Frau in diesem Haus, hinter dem grässlichen Baum und weitab von den gehetzten Menschen, so gut. Aber nun war schon der vierte Abend, an dem das Haus dunkel war, und auch tagsüber regte sich nichts.

Da beschloss die rote Katze, «ihre» Frau zu suchen. Sie war eine kluge Katze und darum ging sie systematisch vor. Immer grössere Kreise zog sie um das Dorf. Schon war sie zum Rand der nahegelegenen Stadt vorgedrungen. Umsonst. Weder in der Stadt noch im Nachbardorf gab es eine Spur.

Noch eine Runde wollte sie machen, dann würde sie aufgeben und einen neuen Futtermenschen suchen.

Da traf sie einen alten, grauen Tigerkater, der sie fragte, wohin sie wolle. Ihm erzählte die rote Katze die ganze Geschichte. Der alte Kater hörte sehr aufmerksam zu. Dann sagte er ihr, er habe gehört, dass man die Menschen, wenn sie alt wurden, in besondere Häuser bringe. Sie hätten einen bestimmten Namen, den er aber nicht mehr wisse. Oder aber ... Der alte Kater sprach nicht weiter, aber die Katze wusste, was er meinte, denn sie war, wie schon gesagt, sehr klug. Ob er denn wisse, wo ein solches Haus sei, fragte sie den Kater. Es gäbe zwei Häuser, eines weiter weg und eines in der Nähe, in der Stadt. Sie solle doch zuerst in die Stadt gehen. Die rote Katze bedankte sich und zog los.

In die Stadt sollte sie also. Das war nicht einfach. Grosse und gefährliche Strassen waren zu überqueren. Und wo dieses Haus war, wusste sie ja auch nicht. Wahrscheinlich hätte sie sich gar nicht in die Stadt getraut, wenn ihr nicht ein Zufall zu Hilfe gekommen wäre. Einmal stand sie lange vor der gefährlichen Strasse. Plötzlich huschte eine Maus an ihr vorüber. Ein Schlag mit der Tatze und sie hatte sie erwischt. «Bitte, lass mich am Leben», bat die Maus, «heute ist doch Heiligabend und da ist Friede auf Erden, auch unter den Tieren. Ich habe mich verlaufen, ich komme aus der Stadt.» Die rote Katze war zwar hungrig, aber sie witterte eine Chance. «Ich lasse dich leben und bringe dich zurück in die Stadt, wenn du mir zeigst, wo das Haus mit den alten Menschen ist.» «Oh, das kenne ich gut, ich wohne in der Nähe und ich weiss sogar, wo sie die Vorräte aufbewahren. Das mache ich gerne.»

«Setz dich auf meinen Rücken», sagte die rote Katze. Und als die Ampel an der Kreuzung rot wurde und die Autos stehen mussten, sprang sie mit ein paar kühnen Sprüngen über die Strasse. Ein Autofahrer erzählte später, er sei wahrscheinlich übermüdet gewesen, aber er könne schwören, er habe eine Katze gesehen, die eine Maus auf dem Rücken getragen hätte.

Die Maus hielt Wort. Und schon bald sahen sie von weitem das Haus der alten Menschen. Die rote Katze bedankte sich und die Maus huschte unter ein Gebüsch.

Die Glastüre öffnete sich von selbst. Die Katze wusste sofort, dass sie auf dem richtigen Weg war. Weiter hinten im Gang, wo die grossen Fenster waren, sassen ein paar der alten Leute. Sie waren ein bisschen traurig, weil es doch heute Heiligabend war und sie sich an frühere Zeiten erinnerten, als die Kinder noch klein waren und die Frau oder der Mann noch lebte.

Die Katze kam näher und erkannte die Stimme «ihrer» Frau sofort. Mit schnellen Sprüngen kam sie auf die Bank zu. Auch die Frau erkannte die Katze sofort wieder. Alle, die mit der Frau im Gang sassen, freuten sich mit ihr und der Katze. Die freute sich auch, dass sie gute Worte von allen Seiten bekam und dass sie sogar gestreichelt wurde, als wäre sie die schönste und wichtigste Katze auf der ganzen Welt.

Und ein bisschen war sie es ja auch, wenigstens heute, am Heiligabend.

Heinz Schmid

Du kannst deinen Knecht in Frieden ziehen lassen

Hans Pauli sitzt im Speisesaal beim Frühstück. Wie jeden Morgen schlürft Frau Burkard neben ihm ihren Kaffee. Die beiden Altersheimbewohner haben einander wenig zu sagen. Darum betrachtet Hans immer wieder ganz gedankenversunken den wunderbaren Bilddruck, der über ihrem Tisch an der Wand hängt.

«Ein Rembrandt», will er Frau Burkard schon lange erklären, «der alte Simeon mit dem Weihnachtskind auf dem Arm!» Vermutlich möchte Frau Burkard von solchen Dingen aber nichts wissen. So wagt es Herr Pauli gar nicht erst davon anzufangen. Er kennt die Geschichte sehr gut. Sie steht im Lukasevangelium und gehört zur Weihnachtsgeschichte. Nur wissen das viele nicht.

Simeon war ein alter Mann und lebte in Jerusalem. Er war ein guter und frommer Mann. Er wartete sehnsüchtig darauf, dass es besser würde auf der Welt – gerade so wie Herr Pauli.

Der Heilige Geist hatte ihm verheissen, er werde erst sterben, wenn er Christus gesehen habe. Darum ging er immer wieder in den Tempel und wartete geduldig. Und just in jenen Tagen brachten Maria und Josef das Jesuskind zur Beschneidung in den Tempel, wie es damals der Brauch war. Simeon nahm das Kind auf den Arm, dankte Gott und sprach: «Herr, jetzt kannst du deinen Knecht in Frieden ziehen lassen, wie du es versprochen hast. Meine Augen haben dein Heil gesehen, ein Licht für das Volk Israel und für die ganze Welt.»

Maria und Josef wunderten sich sehr, was da über ihr Kind geredet wurde. Simeon segnete alle drei.

Ja, und da war ja noch die alte Prophetin dabei, fällt es Herrn Pauli wieder ein. Hannah hiess sie, eine Witwe, 84 Jahre alt – gerade so wie Frau Burkard. Sie lebte im Tempel und sprach wenig. Aber als sie das Kind in den Armen von Simeon sah, begann sie laut, Gott zu loben und zu allen Besuchern des Tempels, die auf Erlösung warteten, zu sprechen.

«Wo sind Sie auch wieder mit Ihren Gedanken?», hört Herr Pauli plötzlich eine Stimme sagen. Frau Burkard weckt ihn aus seinen Träumen. «Sie müssen den Speisesaal verlassen. Man will abräumen.»

Nach dem Abendessen sitzt Herr Pauli wie gewohnt noch eine Weile beim Eingang des Altersheims. Plötzlich vernimmt er Wortfetzen, die ihn zu interessieren beginnen. Sein Gehör ist nämlich noch gut.

Die Sonntagsschullehrerin redet vor den nahegelegenen Büroräumlichkeiten heftig auf den Heimleiter ein. Man müsse das Weihnachtsspiel im Altersheim dieses Jahr ausfallen lassen. Es habe einfach zu wenig Kinder in der Sonntagsschule, die bereit wären, am 4. Advent mitzuspielen. Es seien halt schon Ferien und noch früher wolle sie kein Weihnachtsspiel machen, klagt die Lehrerin. Nur mit einer Maria und einem Josef und einem einzigen Engel mache es einfach keinen Sinn und dabei sei Josef erst noch ein Mädchen. Der Heimleiter weiss auch keinen Ausweg und verschwindet bald in seinem Büro. Enttäuscht steuert die Sonntagsschullehrerin dem Ausgang zu.

Jetzt fasst sich Herr Pauli ein Herz. Selbst etwas erschrocken über seinen eigenen Mut fragt er die Frau: «Entschuldigung, kennen Sie die Geschichte von Simeon und Hannah? Ich habe eben mitgehört, dass Sie uns wieder mit einem Weihnachtsspiel beehren wollen. Ich möchte Ihnen danken für Ihren Einsatz.»

Die Sonntagsschullehrerin weiss nicht so recht, was der alte Mann von ihr will. Sie beginnt zu erklären, dass es dieses Jahr eben nicht möglich sei. Aber Herr Pauli spricht schon weiter. «Wissen Sie, eigentlich gehören die beiden alten Leute auch zur Weihnachtsgeschichte. Vielleicht ist sie sogar erst mit diesen beiden komplett. Also, nichts für ungut und nochmals vielen Dank.»

Herr Pauli schlurft zu seinem Stuhl zurück und lässt die verdatterte Sonntagsschullehrerin stehen. Auf einmal ist es dieser sonnenklar, wie das Weihnachtsspiel zu retten ist. Jetzt fasst auch sie sich ein Herz und setzt sich neben Herrn Pauli. «Wären Sie denn bereit, diesen Simeon zu spielen, Herr ...?» – «Pauli ist mein Name. Kommen Sie, ich zeige Ihnen etwas.» Herr Pauli führt seine Besucherin in den Speisesaal, wo Simeon über dem Esstisch das Kindlein in seinen Armen anstrahlt. «Rembrandt», meint Hans Pauli wichtig. «Schon seit 13 Jahren wohne ich jetzt hier und betrachte Simeon jeden Tag. Mir geht es wie ihm. Ich kann erst weiterziehen, wenn ich etwas von diesem Weihnachtskind gesehen habe. Ich meine: wirklich gesehen, ganz nahe, zuinnerst, hier drin. Aber in meinem Leben ist eben vieles anders gekommen, als ich es mir gewünscht habe.»

Die Lehrerin hört gespannt zu. Da meint Herr Pauli plötzlich: «Und Frau Burkard, mit der ich jeweils am gleichen Tisch sitze, wäre wohl bereit die Prophetin Hannah zu spielen. Da bin ich fast sicher.»

Ab jetzt fanden die Sonntagsschulstunden im Altersheim statt. Die Sonntagsschullehrerin schrieb den Text und die drei Kinder fanden es lustig, mit Herrn Pauli und Frau Burkard, die die Sonntagsschullehrerin tatsächlich zum Mitmachen überreden konnte, zu proben. Es gab immer viel zu lachen und bei der Hauptprobe überraschte Frau Burkard alle mit feinen Nuss-Schnecken aus der Bäckerei.

Der Simeon und die Hannah vom Altersheim lasen zwar ihren Text ab und das Kind, das Maria dem alten Mann in die Arme legte, war nur ein Puppe. Aber das Erlebnis an diesem 4. Advent im Altersheim berührte alle tief – die Kinder, Herrn Pauli und Frau Burkard und auch den Heimleiter und die Sonntagsschullehrerin und natürlich alle Heimbewohner, die zuschauen durften. Herr Pauli konnte gar beim Segnen des Jesuskindlein seine lang gesparten Tränen nicht mehr zurückhalten. Und Frau Burkard spielte ihre Rolle so gut, dass sie von diesem Tag an von allen nur noch Hannah genannt wurde. Und sie wurde mit der Zeit auch etwas gesprächiger.

Ein paar Tage nach Weihnachten, man schrieb schon die neue Jahreszahl, starb Hans Pauli.

Wenn Frau Burkard jetzt jeweils zum Bild von Rembrandt aufschaut, ist sie sich ganz sicher: Herr Pauli hat es mit eigenen Augen gesehen. Das Weihnachtskind, wirklich gesehen, ganz nahe, zuinnerst, hier drin.

Als es darum ging, das Zimmer des verstorbenen Herrn Pauli zu räumen, fragte der Heimleiter Frau Burkard, ob sie sich dort noch einmal umsehen wolle. Vielleicht wolle sie ein Andenken behalten.

Stumm stand Frau Burkard in dem verlassenen Zimmer. Es roch nach Herrn Pauli. Das Bücherregal interessierte sie.

Dort entdeckte sie einen Briefumschlag, der mit grossen Buchstaben beschriftet war: Für Frau Burkard. Ganz erstaunt über diesen Fund machte sie den Umschlag sorgfältig auf. Zwei Briefe steckten darin. Einer von Herrn Pauli an Simeon und zu ihrem grossen Verwundern einer, in einer anderen, sehr alten Schrift, von Simeon an Herrn Pauli.

Lieber Simeon

Ich habe heute Abend das grosse Bedürfnis, dir zu schreiben. Du bist ja, was du wahrscheinlich nicht wissen kannst, mein täglicher Begleiter beim Frühstück, neben Frau Burkard natürlich. Und so will ich dir anvertrauen, was mir begegnet ist.

Als ich bei der Aufführung heute Morgen das nunc dimittis, *dein Loblied, aufgesagt hatte, drückte mir die Maria das Bäbi in die Hände, damit ich es segnete. Da wusste ich: Ich konnte es nicht segnen. Das Jesuskind hat keinen Frieden gebracht, nicht in meinem Leben, nicht im Leben von Frau Burkard, nicht im Leben des mürrischen Heimleiters. Es hat keinen Frieden gebracht auf die Erde. Nein. Im Gegenteil. In diesem Moment habe ich in mich hineingesehen und meine tiefsten Wünsche und meine dunkelsten Abgründe waren plötzlich hell erleuchtet. Dieses Gefühl erfüllte mich und schmerzte mich zugleich. Ich spüre es noch jetzt am ganzen Körper. Und dann kamen mir die Tränen – aus lauter Elend und Scham.*

Alle meinten, ich spiele den Simeon so gut. Sie dachten, ich weine, weil ich das Christuskind gesehen habe, wie es die Rolle ja vorschrieb.

Schau, Simeon, ich habe oft gewartet in meinem Leben, lange gewartet und es geschah meist nicht das, was ich mir wünschte.

Ich wurde sehr oft enttäuscht, das Leben meinte es nicht immer gut mit mir. So habe ich auch oft gehadert mit unserem Schöpfer, ja ihn zeitweise ganz auf die Seite gestellt. Das Rembrandtbild, auf dem du gemalt bist, hat mir in den letzten Jahren über vieles hinweg geholfen. Aber mit diesem Weihnachtspiel heute Abend werde ich nicht fertig. Es beunruhigt mich zutiefst.

Mit liebem Gruss
Hans Pauli

Lieber Hans

Ich danke dir für deinen Brief. Ich bitte dich, noch einmal vor das Rembrandtbild zu stehen. Auch wenn ich nicht ganz so ausgesehen habe, so hat Rembrandt die Sache doch richtig erfasst.

Es war auch für mich ein unglaubliches Erlebnis. Das Kind lächelte mich aus einer Tiefe heraus an und erfasste damit alle meine Erlebnisse, meine Tragik, meine Müdigkeit, so als zöge eine Hand einen Vorhang auf und ermöglichte den Blick in eine heilvolle Welt.

Aber da sah ich noch etwas anderes. Vielleicht, weil die Prophetin Hannah neben mir stand. Ich spürte, dass das Kind Widerspruch auslösen wird. Eine Ahnung überkam mich, dass alle menschliche Hoffnung in diesem Kinde nicht nur erfüllt, sondern eben auch infrage gestellt wird.

Du hast das schon richtig wahrgenommen, Hans: Nahe sein bei Gott, ja, aber wohl kaum ohne die bittere Erfahrung, weit weg von ihm und verlassen zu sein. Friede auf Erden, ja, aber immer wieder sind wir gefährdet, immer wieder schutzlos jenen ausgeliefert, die auf Stärke und Machbarkeit setzen und die Menschenwürde verletzen. Selbst das Jesuskind und der erwachsene Jesus haben das so erlebt.

Zum Glück hast du Frau Burkard an deiner Seite. So wie ich Hannah. Weisst du, wir Männer können den Glauben manchmal schlecht weitervermitteln. Frauen können im wahrsten Sinne des Wortes guter Hoffnung sein. Und bei Hannah kommt noch ein anderer Aspekt dazu: Hannah heisst Gott ist Gnade. *Sie war eine eigentliche Prophetin. Sie sah voraus, was mit dem Kind wird. Sie erkannte, dass Jesus der erhoffte Messias ist.*

Schau, auch ich habe lange gewartet und oft fast aufgegeben. Doch mein tägliches «Jetzt halte ich einfach daran fest, auch wenn alles dagegen spricht» hat sich gelohnt. Diese Begegnung bewirkte, dass ich loslassen konnte im Leben und im Sterben.

Denn nicht nur der Anfang des neuen Lebens, das neugeborene Kind – auch das eigene Sterben und das Ende unseres Lebens ist in diesem Geschehen mit eingeschlossen.

Kreuz und Krippe sind aus dem gleichen Holz, Windel und Lendentuch aus dem gleichen Stoff. Jesus Christus ist der Befreier im Leben und im Sterben, auf dass wir Menschen werden, wie Gott uns einst gedacht hat.

Das ist die Weihnachtsbotschaft von uns beiden Alten aus dem Lukasevangelium. Und nicht nur für Weihnachten, sondern auch für das ganze kommende, neue Jahr!

Ganz herzlich
Dein Simeon

Gotthard Held

Einer sieht das Licht

Herrn Jordan ging es nicht gut. Schon lange stimmte etwas nicht in seinem Kopf. Er merkte, wie er vergesslicher wurde, ihm die Worte fehlten, um etwas auszudrücken. Das war nicht leicht für ihn, machte ihn unsicher und traurig. Eigentlich wollte er noch so viel machen, er hatte noch so viel vor, aber es ging nicht mehr. Und es wurde immer schlimmer, auch das erkannte er. Oft weinte er. Es war einfach schwer und es war hoffnungslos.

Gut, dass er nicht alleine war. Seine Frau war bei ihm, liebevoll, verständnisvoll, aber oft am Ende ihrer Kräfte. Sie wurden einander zur Last. Der Alltag wurde zur Herausforderung und überforderte mit der Zeit beide.

So kam es, dass sie in ein Heim eintraten. Aus ihrem Haus mit seiner Geschichte, aus dem Leben vieler Jahre in ein Zimmer – geräumig zwar, aber noch ohne Geschichte. Das Haus war Heimat gewesen, das Zimmer war Fremde. Nur das Nötigste konnten sie mitnehmen, der Tagesablauf war vorgegeben, beim Essen waren fremde Menschen mit am Tisch. Herr Jordan schlief oft. Das machte es leichter.

Er hatte sich damit abgefunden, passte sich an und seine Frau half ihm und begleitete ihn. Sie nahmen teil an den Anlässen im Heim, man kannte sie und schätzte ihre freundliche Art.

Es gab gute und schwere Tage und viele, die nicht zählten, weil sie gleichförmig waren und grau. So war es November geworden.

Herr Jordan hatte geschlafen. Er stand auf und trat ans Fenster. Draussen bauten sie das neue Heim. Vom Fenster ihres Zimmers sahen Jordans die grosse Baugrube, in der immer gearbeitet wurde. Eine riesige Grube, in der sich viele Menschen zu schaffen machten, in der viele Maschinen im Einsatz waren. Es schien Herrn Jordan wie sein Leben – ausgehöhlt und leer. Es klaffte ein grosses Loch, das jeden Tag grösser wurde. Doch draussen vor dem Fenster wurde das Loch wieder aufgefüllt, da entstand Neues. Das Loch in ihm aber würde nicht mehr gefüllt werden, das blieb leer.

Seine Frau war nicht da, sie hatte ihm aber einen Zettel hingelegt: «Bin um 16 Uhr wieder da.»

Eine innere Unruhe hielt ihn nicht länger im Zimmer. Er öffnete die Türe und ging durch den langen Gang zum Lift.

Frau Jordan hatte einen guten Nachmittag erlebt. Es tat gut, mit anderen Leuten zusammen zu sein, sie hatte auch noch einen Bekannten getroffen, mit dem sie sich gerne unterhielt. Als sie etwas später ins Zimmer kam, war ihr Mann nicht mehr da. Zunächst war sie nicht beunruhigt, das kam vor. Sie ging wieder durch den Gang, nahm den Lift. Unten sah sie ihren Mann jedoch nicht. Auch nicht in der Cafeteria. Langsam wurde sie unruhig. Es war schon vorgekommen, dass er aus dem Haus gegangen war und irgendwo im Dorf wartete. Sie wollte am Empfang Bescheid sagen, dass sie ihn suchen gehen würde, da fiel ihr Blick auf die Bank hinter der Glastüre.

Draussen sass Herr Jordan. Fasziniert und mit ausgestrecktem Arm. Sein Zeigefinger zeigte ins Dunkle.

Ohne Ziel war er hinausgegangen. In der einbrechenden Dunkelheit sah er plötzlich das Licht. Er zeigte durch die erleuchteten Fenster, durch die Weihnachtsdekorationen auf ein Licht, das nur er sah. Es war das Licht, das damals von jenem Stern ausgegangen war, und das den Weisen den Weg zeigte. Es war das Licht, das die Engel auf den Feldern bei den Hirten umgab. Dieses Licht leuchtete in das Dunkle von Herrn Jordan. In seine Hilflosigkeit, in seine Sprachlosigkeit, in seine Schwachheit. Das Dunkle in seinem Leben machte ihn weitsichtig.

Es gab noch Licht, es gab noch Helligkeit. Er konnte seinen Blick nicht lösen von dieser Erscheinung. Tief in sich innen spürte er: das Licht leuchtete ihm, er fühlte sich verstanden und getragen. Er spürte, dass es stimmte, dass das Licht der Liebe Gottes in sein Leben hineinleuchtete. Dir ist der Heiland geboren, der mit dir sein will, der mit dir durch deine Sprachlosigkeit, deine Schwachheit und deine Hoffnungslosigkeit gehen will. Das Licht seiner Liebe leuchtet dir.

Herr Jordan konnte es nicht einordnen, nicht wirklich verstehen, aber er spürte es. Er sass da – schwieg und zeigte mit ausgestrecktem Zeigefinger auf das Licht und lächelte. Er hatte erfahren, was Weihnachten ist. Er sah das Licht und er wusste, es würde ihm weiter leuchten, über Weihnachten hinaus.

Lutz Fischer-Lamprecht

Das etwas andere Weihnachtsfest

Die Kurklinik lag in einer idyllischen Landschaft, etwas ausserhalb des Dorfs mit Blick auf die Alpen. Jede Woche kamen neue Mütter und Kinder für eine dreiwöchige Kur und andere fuhren wieder zurück nach Hause. Auch kurz vor Weihnachten kam eine ganze Reihe erschöpfter Mütter mit ihren kleinen Kindern, um eine Erholungskur zu beginnen. Die Stimmung war etwas gedrückt, zum einen, weil die Anreisenden die Erholung bitter nötig hatten, zum anderen, weil sie wussten, dass sie über die Weihnachtstage hier sein würden. Spürbar stand die Frage im Raum, wie das wohl werden würde über die Festtage. Hier. Teilweise sehr weit weg von zuhause. Ohne Weihnachtsbaum in der Stube. Ja, überhaupt ohne eigene Stube. Auch auf die heimatlichen Weihnachtsbräuche musste – zumindest grösstenteils – verzichtet werden.

Obwohl am 23. Dezember dann auch die Väter mit den schulpflichtigen Kinder ankamen, war allen klar: Dieses Weihnachtsfest würde anders sein als die bisherigen. Ein Familienfest mit Besuchen bei Grosseltern, Tanten und Onkeln, ein gemeinsames Essen als grosse Familie – daraus würde nichts werden. Dafür sassen sie mit Menschen im Speisesaal, die sie eine Woche vorher noch nicht gekannt hatten.

Weihnachtsfieber? Das stellte sich nur beim Personal ein. Viele hatten schon Ferien. Nur so viele, wie absolut notwendig waren, um den Betrieb aufrecht zu halten, waren noch da. Und auch sie waren offensichtlich mit ihren Gedanken bereits daheim bei ihren Familien. Aber, das muss man ihnen lassen: Sie hatten sich alle Mühe gegeben, das ganze Haus festlich zu dekorieren. Hier ein Weihnachtsbaum, dort ein Weihnachtsgesteck, dort ein Ast mit ein paar Christbaumkugeln. Aber nirgends Kerzen, jedenfalls keine echten. Denn die waren, wegen der Brandgefahr, in allen Gebäuden der Klinik streng verboten.

Am Abend des 23. Dezembers sassen einige Mütter und Väter im Café der Klinik beieinander. Das Café hatte zwar geschlossen, aber es diente gleichzeitig als Aufenthaltsraum. Die einen hatten Chips mitgebracht, andere Kuchen und mit der Zeit kamen Mineralwasser, Erdnüssli und Weisswein dazu. Die Stimmung wurde immer gelöster.

Aber dann kam jemand auf Weihnachten zu sprechen: Wie würde das wohl werden? Morgen Abend? Und übermorgen? Würden alle an Heiligabend nach dem Nachtessen einfach auf die Zimmer verschwinden? Schnell planten die ersten einen gemeinsamen Gottesdienstbesuch in der Dorfkirche.

Und der Weihnachtstag? Irgendwie, so war die einhellige Meinung, müssten sie sich etwas Besonderes einfallen lassen. Auch den Kindern zuliebe. Weihnachten wollten sie so feiern, dass etwas von der Hoffnung spürbar würde, die an Weihnachten in die Welt kommt. Von der Liebe und Wärme, die zwar mit der Realität der Geburt damals in Betlehem wenig, mit unseren Sehnsüchten und Hoffnungen aber sehr viel zu tun hat. Schnell folgte eine Idee auf die andere, gab ein Wort das andere: Feuerstelle. Lagerfeuer! Fondue!! Weihnachten konnte den erschöpften Müttern neue Energie verleihen, aber die Väter achteten darauf, dass die Frauen nicht gleich wieder zu viele Arbeiten übernahmen.

Die Aufgaben für den nächsten Tag wurden verteilt: Holz besorgen, Kessel und Gabeln, Brot, Wein, Tee. Und jemand war bereit, den Käse zu kaufen. Es blieb nur Heiligabend, um alles zu organisieren, waren doch am 25. Dezember alle Läden geschlossen. Aber es klappte.

Als es am ersten Weihnachtstag dämmrig wurde, gingen die ersten los, um Feuer zu machen. Da es seit dem Vormittag tröpfelte, war es gar nicht so einfach, das feuchte Holz zum Brennen zu bringen. Irgendwann brannte es und es brannte bald so gut, dass die Umstehenden auch mal ein nasses Stück Holz aufs Feuer legen konnten. Dann wurde der Kessel mit dem Käse aufs Feuer gestellt. Es wurde gerührt, geredet, gerührt, getrunken, immer noch geredet, gerührt, gesungen und gelacht. Das Feuer lockte auch Familien an, die vorher nichts von den Fondueplänen mitbekommen hatten. Es reichte für alle. Mit leuchtenden Augen standen Mütter, Väter und Kinder um das Feuer herum. Das Fondue verströmte einen feinen, etwas ungewöhnlichen Duft für Weihnachten. Alle spürten die Wärme, genossen das Zusammensein und spürten, dass ihnen dieses besondere Weihnachtsfest noch lange in Erinnerung bleiben würde.

Vroni Peterhans-Suter

Zauberhaft oder wundervoll?

«Weihnachten ist zauberhaft», meinte Anouk. Aber da konterte ihre Cousine Emma heftig: «Nein, Weihnachten ist wundervoll!» Zwei Bemerkungen ihrer Mütter, die eigentlich als Kompliment gedacht waren, lösten bei den beiden Mädchen beinahe einen Streit aus. Und das kam so:

Emma und Anouk wollten sich die Zeit des Wartens, bis ihre Mütter ihre Weihnachtsbesprechung beendet hatten, mit Spielen draussen vertreiben. Eigentlich hätten sie jetzt gerne die Schlitten hervorgeholt und wären im Schnee herumgetollt. Aber dieses Jahr schien sich der ganze Advent in frühlingshaften Temperaturen zu präsentieren. So holten sie die eingewinterten Sändelispielsachen hervor und bauten zusammen eine grosse Sandkrippe. Ganz eifrig wurden Stallmauern gepflastert und dann Tiere hineingeformt. Und die Frage, ob Emmas Ochse oder Anouks Esel näher bei der Krippe stehen dürfe, musste ausgiebig diskutiert werden – sie einigten sich schliesslich darauf, dass beide im hinteren Stallteil ihren Platz bekämen, weil die Schafe ja sowieso näher sein müssten. Die Schäfli-Sandform erleichterte das Herstellen dieser Wolltiere und wohl auch darum war der Stall voll mit Schafen, so dass die Hirten, Maria und Josef kaum mehr Platz finden würden.

Bevor sie sich jedoch an die doch eher schwierige Aufgabe machten, Menschen aus Sand zu formen, setzten sich die beiden Mädchen nebeneinander auf den Sandkastenrand und begannen ihr Weihnachtsliederrepertoire vom Kindergarten durchzusingen. Kurz darauf traten die Mütter der beiden aus dem Haus und hörten ergriffen dem Gesang ihrer Töchter zu. Beim Lied «Was isch das für e Nacht» breitete sich eine fast feierliche Stimmung aus und beim «Zimetstern han i gern» sangen die Mütter mit. Eigentlich hätten sie am liebsten diesen Moment, in der die Welt still zu stehen schien, nicht unterbrochen. Aber die Zeit drängte, denn sie wollten noch den grossen Weihnachtseinkauf erledigen. Zum Glück hatte sich die Grossmutter anerboten, auf die Kinder aufzupassen. Und so warfen die zwei Frauen nochmals einen Blick auf den Sandkasten und lobten ihre Kinder für das kreative Bauwerk. «Dieses Sandkunstwerk passt richtig gut in die wundervolle Weihnachtszeit», meinte Anouks Mutter. Und Emmas Mama ergänzte: «Ja, es ist richtig zauberhaft – ganz wie an Weihnachten!»

Die Mütter verabschiedeten sich und die Grossmutter murmelte leise vor sich hin: «Ja, Weihnachten ist schon schön …» «Nein, Mami sagte, Weihnachten ist wundervoll», korrigierte da die kleine Anouk ihre Grossmutter. Und Emma erklärte mit Bestimmtheit: «Stimmt gar nicht, meine Mutter weiss es besser. Weihnachten ist zauberhaft.» Und schon waren die beiden Mädchen mittendrin in einer heftigen Auseinandersetzung.

Mit einem verschmitzten Lächeln gelang es der Grossmutter nach einer Weile, die Mädchen zu beschwichtigen: «Vielleicht können wir zusammen das Problem lösen und herausfinden, ob Weihnachten nun wundervoll oder zauberhaft ist.» Ganz gespannt folgten die zwei Mädchen der Grossmutter in die Küche, wo sie sich erst mal mit einem Zvieri stärken konnten. Die feinen Brezeli, die es nur beim Grosi gab, waren die besten der Welt! Emma und Anouk liessen aber ihre Grossmutter nicht lange in Ruhe, denn da gab es ja noch ein Worträtsel zu lösen. Die Grossmutter meinte, dass sie dabei auf die Mithilfe der beiden Mädchen angewiesen sei. Beide waren gerne dazu bereit, denn sie kamen sich recht grossartig vor, dass sie mithelfen durften.

«Also, wir basteln zusammen Zaubernüsse», meinte das Grosi und brachte Nüsse, Papier und Stifte. Vorsichtig mussten sie die Nüsse öffnen, damit die Schalen unversehrt blieben. Am besten eigneten sich die grössten und prächtigsten Nüsse. Diese sollten dann mit Gutscheinen gefüllt werden. Mit viel Phantasie bemalten die zwei Mädchen ihre Gutscheinpapiere. Anschliessend durften sie die Nüsse mit den ganz klein zusammengefalteten Gutscheinen füllen und beim Aufeinanderleimen von zwei Nussschalen helfen. Welche Nuss hatten sie nun mit welchem Inhalt gefüllt?

«Wir sind noch nicht fertig», meinte daraufhin das Grosi, «denn ich möchte, dass ihr noch zwei Wunderknäuel aufrollt. Zuerst macht ihr beide eine tolle Zeichnung als Geschenk für eure Mütter.» Während die Kinder malten, holte die Grossmutter zwei Wollknäuel und vielerlei kleine Kostbarkeiten. Zuinnerst kam die Zeichnung und dann wurde eifrig Wolle darüber gewickelt. Immer nach ein paar Runden durfte etwas Kostbares eingerollt werden.

Die Mädchen waren so eifrig beschäftigt, dass sie darüber ganz und gar ihre Streiterei und die Zeit vergassen. Darum waren sie sehr erstaunt, als ihre Mamis nach zwei Stunden schon wieder erschienen. Anouk und Emma durften ihre gebastelten Nüsse und Wollknäuel ihren Müttern schenken und erklärten dabei, dass es sich um Zaubernüsse und Wunderknäuel handle. Da meinte Emmas Mama: «Oh, das ist ja wie früher, die bekamen wir immer vom Sankt Nikolaus! Bin ich gespannt, was ich aus der Zaubernuss hervorzaubern werde, ich mag fast nicht warten!» Anouks Mami drehte und wendete den Wunderknäuel und staunte: «Einen solchen bekam ich einmal als Belohnung, dass ich das Stricken erlernt hatte. Ich bin schon ganz gwundrig. Was ist wohl drin versteckt?» Die Mädchen begannen zu kichern und platzten heraus: «Das ist eben ein Geheimnis!» Die Grossmutter stellte fest: «Ob zauberhafte Nüsse oder wunderbare Wollknäuel – beide sind geheimnisvoll. So ist es doch auch mit dem Zauber und dem Wunder von Weihnachten: es bleibt geheimnisvoll!»

Da rief Emma erstaunt aus: «Dann kann Weihnachten gleichzeitig wundervoll und zauberhaft sein, denn beide Wörter bedeuten geheimnisvoll.» Sie nahm Anouk an der Hand und zusammen hüpften die beiden Mädchen nach draussen zum Sandkasten. Singend und klatschend tanzten sie mit einer Eigenkomposition um ihr Kunstwerk herum: «Wundervoll und zauberhaft ist die geheimnisvolle Weihnacht!»

Rainer Jecker

Das Schaufenster

Der ganze Dezembertag gehörte fahlem Licht. Ein Nebelgespinst verschleierte den Himmel hoch über der Stadt. Dämmerung bemächtigte sich schon der Hinterhöfe und Gassen. Zahllose Lichter, warme und nüchterne, mischten sich in die zunehmende Dunkelheit ein. Viele von ihnen zeigten mit ihrem Leuchten und Blinken das kommende Fest an.

Das Schaufenster an der Ecke Schneidergasse nahm seinen gewohnten Platz ein. Vom mittelalterlichen Gemäuer eingefasst, wuchs es schmal in die Höhe, ein glasklarer Spiegel, der das lautlose Kommen und Gehen aufnahm und zurückwarf, allerdings die Seiten verkehrend. Den Stadtberg rauf und runter waren Menschen unterwegs, ein geschäftiger Zug von Ameisen. Saras Atem war unschwer als flüchtige Wolke zu erkennen. Nur noch wenige Schritte, und der kleine Laden, der mit den ausladenden Gestellen an den Wänden, würde sich rechterhand zeigen. Ori, nannte sie ihn liebevoll. Wenn Sara eintrat, wehte ihr Orientalisches ins Gesicht. Eine Spur von 1001 Nacht, wenn sie ihre Finger über die Stoffe, in Ballen gestapelt, gleiten liess, dem Spiel der Gewebe, Farben und Muster hingegeben.

An diesem Abend schien Ori aber merkwürdigerweise aus der Häuserreihe zu tanzen. Das Schaufenster barg eine Gestalt – ganz in Licht und Schatten getaucht. Dunkelrot leuchtete das Gewand, das unmerklich den Boden berührte. Zwei Flügel wie aus getriebenem Gold wölbten sich seitlich. Das Gesicht des Engels blieb verborgen. Sara stand wie gebannt. – Eine kleine Ewigkeit später kam Bewegung in sie, ganz fein der Ruck, der eine scheue Verneigung andeutete. Und Sara nahm die zweite Engelsgestalt wahr und die dritte. Auch sie waren in Gewänder einer Königin gehüllt, nachtblau und moosgrün, mit einem geheimnisvollen Muster aufgetragen wie mit Feder und Tusche. Erinnerungen stiegen auf.

Unlängst beim Stöbern im Antiquariat fiel Sara ein vergilbter Bildband in die Hand. Fasziniert hatte sie die geflügelten Wesen aus dem alten Orient betrachtet, die, halb Mensch und Tier, Welten von oben und unten in der Schwebe hielten. *Ich berge mich im Schatten deiner Flügel*, lautete der Buchtitel.

Dann erinnerte sich Sara an den Stamm eines Baumriesen, an den sie sich angelehnt hatte. Hinter ihr verschränkten sich breite Alleen mit verwinkelten Wegen und Tretpfaden. Vor ihr lagen Parkanlagen wie Inseln. Markante Monumente fingen die Blicke ein. Der Zentralfriedhof gebärdete sich als eine Stadt in der Stadt. In alle Richtungen verliefen die Gräberreihen dicht an dicht. Aus fernen Zeiten tauchten sie auf mit ihren vergrauten Stelen und Platten, von Moosen und Flechten heimgesucht. Und eingestreut fanden sich Gräber, über denen die Blumenkränze und Jahreszahlen noch frisch waren. Die steinernen Engel überraschten. Aufrecht standen sie im Gehölz, sassen träumend auf der Kante einer Grabplatte, in sich gekehrt, nachdenklich, traurig, nahe und doch unnahbar. Würdig immer und still. Es waren Engel mit den Zügen einer jungen Frau, der Kraft eines Jünglings, der Selbstvergessenheit eines Kindes, selten Engel des Todes.

Die Verwundete kam ihr in den Sinn. Sara sah das Gemälde vor sich. Auf einer notdürftigen Bahre sass die Gestalt mit dem gebrochenen Flügel: die Augen verbunden, an der Grenze ihrer Kraft, mit einem Blumensträusschen in der Hand. Die Verwundete wurde von zwei Burschen in eine offene und karge Landschaft getragen. Sara hatte dieses Bild lange betrachtet, genauso wie die Engel von Klee: aus Bleistiftstrichen nahmen sie Gestalt an. Durchsichtig wie Glas und leicht wie eine Feder und verschmitzt wie ein Schelm. Zu den verspielten Wesen an den Säulen der Klosterkirche hielt Sara schon in jungen Jahren Distanz. Die pausbäckigen Wesen mit den altklugen Gesichtern fielen für sie wie aus der Zeit.

Gestern war ihr ein knalliges Plakat wie in den Weg gestellt: *Neue Engel eingeflogen.* Blutrot blinkten die Fenster des Hauses in seiner Nähe. Sara spürte, wie Scham, Wut und Traurigkeit in ihr hochstiegen.

Nicht weit weg schlug die Rathausglocke. Der Nebel hatte sich da und dort gelichtet. Am Nachthimmel blitzten einzelne Sterne. An der Ecke Schneidergasse stand Sara vor dem Schaufenster. Sie schaute wie in einen blitzblanken Spiegel. Das dunkelrote Festkleid mit eingewirktem Goldfaden stand ihr gut, ihre goldenen Flügel waren ausgespannt. Sie bewegte die Lippen kaum und hörte sich sagen: *Schön bist du, Sara. Du gefällst mir!*

Dann bemerkte Sara, dass aus dem Spiegel auch ein Obdachloser blickte. Am Bahnhof hatte er seinen Dienst getan und sich den Hastenden mit einem gewinnenden Lächeln in den Weg gestellt. Die Erzählung vom kommenden Montag und der neuen Arbeitsstelle war den Angesprochenen sattsam bekannt. Vielleicht hatte er Glück und das Kleingeld für Gassenküche und Notschlafstelle beisammen. Im Spiegel schimmerte das Akkordeon. Die abgegriffenen Tasten und Knöpfe waren ins Halbdunkel gehüllt. Glanz lag auf dem Gesicht des Musikanten. Und allen Vorbeiziehenden wuchsen Flügel.

Sara stand am Schaufenster an der Ecke Schneidergasse und sah diesen Engeln ins Gesicht. Sie sind wie du. Und ihr war, als träte sie in eine Höhle im Goldglanz.

Ibrahim hatte sich aus dem Menschenzug gelöst und verlangsamte seinen Schritt. Er lächelte aus dem Spiegel. Für die Winzigkeit eines Augenblicks verschwammen zwei Augenpaare ineinander. Sara drehte sich um. Die Dunkelheit schimmerte und hatte Ibrahim aufgenommen. Sara ging in die Nacht. Für sie war es eine heilige.

Erika Steiner

Die letzte Nuss

Solange ich mich erinnern kann, haben wir Weihnachten im Bauernhaus gefeiert, in dem meine Mutter aufgewachsen ist. Und solange ich mich erinnern kann, ist es immer gleich abgelaufen.

Die ganze Familie hat sich versammelt, drei und später vier Generationen. Wir haben miteinander Gemüse gerüstet und gekocht. Die Kinder haben den Tisch vorbereitet und schon bald beim Abtrocknen helfen müssen. Das traditionelle Weihnachtsessen mit Rindszunge, Kartoffelstock und Dörrbohnen wurde erst vor ein paar Jahren vom Fondue Chinoise abgelöst.

Am späteren Nachmittag, wenn es langsam zu dämmern anfing, gingen die Väter mit den Kindern auf einen Spaziergang über die Felder hinunter zum Wald. Wenn's dann ganz dunkel und manchmal bitterkalt war, freuten sich alle auf das Licht und die Wärme in der Stube. Aber zuerst ging's in den Stall zu den Kühen. Und manchmal standen auf wackeligen Beinen ein oder zwei neugeborene Kälbli da. Fast wie damals im Stall zu Betlehem!

Dann ging's hinauf in die Küche, nochmals warten, bis endlich das kleine gläserne Glöcklein leise tönte. Die Türe zur Stube wurde aufgetan. Drinnen war ein Fenster offen, denn just vorher hatte das Christkind das Bäumchen gebracht. Es stand glänzend und bunt geschmückt neben dem Kachelofen.

Der warme süssliche Duft der Kerzen und des Tännchens breitete sich aus im Raum. Einen Moment lang war es still. Dann sangen wir Weihnachtslieder. Der Vater las aus der Bibel vor. Und dann – endlich, endlich – durften wir die Päckli auspacken, die unter dem Baum leuchteten, fast so hell wie die Kerzen!

All das geht mir durch den Sinn, während ich im feuchten Laub nach Nüssen suche. Der neue Baum steht weiter oben, neben dem Hühnerhaus, in dem seit langem keine Hühner mehr wohnen. Ich lese jede Nuss sehr bewusst auf, denn es ist wohl das letzte Mal. Die Liegenschaft ist zum Kauf ausgeschrieben.

Auch wenn von aussen alles noch gleich aussieht, wird in diesem Haus nie mehr unsere Weihnacht gefeiert werden. In der Zwischenzeit habe ich einen ganzen Korb voll Nüsse aufgelesen. Ich staune. Immer wieder meine ich: «Das ist jetzt die letzte Nuss, die allerletzte.»

Ich sehe noch eine wunderschöne grosse Nuss. Meine Füsse spüren eine auf. Meine Hände fassen zu und finden noch eine und noch eine.

Bildnachweis

Seite 9:
Felix Hoffmann, Jesajas Vision der Messias-Geburt
(Ausschnitt)
Prophetenfenster im Chor der reformierten Stadtkirche Aarau, 1953

Seite 31:
Felix Hoffmann, Vision Jesajas vom Kind Immanuel
(Ausschnitt)
Seitenfenster der reformierten Kirche auf dem Kirchberg, 1949

Seite 51:
Felix Hoffmann, Vision Jesajas von der Geburt des Messias
(Ausschnitt)
Jesajafenster im reformierten Berner Münster, 1947

Seite 60:
Felix Hoffmann, Weihnachten, Engel, Heilige Familie
Linkes Chorfenster der reformierten Kirche auf dem Kirchberg, 1949

Seite 71:
Felix Hoffmann, Verkündigung der frohen Botschaft an die Hirten
(Ausschnitt).
Grosses Christusfenster im Chor der reformierten Stadtkirche Aarau,
1943

Seite 90:
Felix Hoffmann, Ankündigung der Geburt Jesu an Maria
(Ausschnitt)
Kleines Christusfenster im Chor der reformierten Stadtkirche Aarau,
1943

Sämtliche Fotos: Hans Fischer

Die Autorinnen
und Autoren

Bühler Christian:
Pfarrer in Bern, wohnhaft in Gelterkinden

Dobler Corinne:
Pfarrerin in der Kirchgemeinde Bremgarten-Mutschellen und
Gastroseelsorgerin im Kanton Aargau

Fischer-Lamprecht Lutz:
Pfarrer in der Kirchgemeinde Wettingen-Neuenhof

Held Gotthard:
Wurde auf dem zweiten Bildungsweg Pfarrer. Er arbeitete in Brittnau
und Unterkullm und war zuletzt Pfarrer in der Kirchgemeinde
Staufberg. Er ist pensioniert und lebt in Lenzburg.

Jecker Rainer:
Theologe, Fachstelle kirchlicher Religionsunterricht der
Reformierten Landeskirche Aargau, wohnhaft in Sissach

Kuse Martin:
Pfarrer in Möriken

Lentzsch David:
Pfarrer, Projektstelle Gemeindeentwicklung der
Reformierten Landeskirche Aargau, wohnhaft in Seon

Luchsinger Selina:
Entwicklungspsychologin und Journalistin, wohnhaft in Bremgarten AG

Morf Marie Eve:
Bremgarten, pensionierte Sozialdiakonin, im Bundesasylzentrum in
Bremgarten in der Seelsorge tätig

Peterhans-Suter Vroni:
Katechetin, Bäuerin, Mitglied Verbandsvorstand Schweizerischer
Katholischer Frauenbund SKF, wohnhaft in Künten AG

Schmid Heinz:
Theaterpädagoge und Mitglied der Laienpredigerkommission der
Reformierten Landeskirche Aargau, wohnhaft in Rombach

Steiner Erika:
pensionierte Sozialdiakonin, Kalligrafin, Künstlerin und
Beraterin, wohnhaft in Riniken

Straberg Christine:
Pfarrerin in Bözberg

Thut Birchmeier Monika:
Pfarrerin mit Schwerpunkt Religionspädagogik, Fachmitarbeiterin der
Fachstelle kirchlicher Religionsunterricht der Reformierten Landeskir-
che Aargau, wohnhaft in Würenlingen

Vogt Christian:
Pfarrer in Veltheim-Oberflachs

von Niederhäusern Jürg:
Pfarrer in Thal, wohnhaft in Solothurn, bis Mitte 2016 Pfarrer in Seon

Weber-Berg Christoph:
Pfarrer Dr., Kirchenratspräsident der Reformierten Landeskirche
Aargau, wohnhaft in Staufen

Weigl Peter:
Pfarrer in Windisch